De mon quotidien vers ma destinée

Katie Brazelton

EDITIONS
PREMIERE
PARTIE

Originally Published in the U.S.A under the title : **Pathway to Purpose for Women**

Translated by Eliette Héritier and adapted by Viviane Haenni
Published by permission of Zondervan, Grand Rapids, Michigan

Available in other languages from Zondervan Corporation, LLC
5300 Patterson, S.E., Grand Rapids, Michigan 49530, USA

www.editionspremierepartie.com
Courriel : contact@editionspremierepartie.com

Les passages bibliques cités dans le présent ouvrage sont tirés des différentes versions bibliques suivantes : Bible de Louis Segond, Bible du Semeur, Parole Vivante, Parole de Vie, New Living Translation, Bible en Français courant, The Living Bible, The Message, Bible Darby

Traduction : Eliette Héritier et adaptation : Viviane Haenni
Couverture : Mike Stefanini (www.atomike-studio.com)
Composition : Éditions Première Partie
Remerciements : Gérard Mialhe, Evelyne Zuber, Sevda Dogan-Dacosta

Imprimé en France
Dépôt légal : 1er trimestre 2010
ISBN 13 : 978-2-916539-22-5

Préface[1]

Si l'univers s'appauvrit par la disparition d'une espèce végétale ou animale, il s'appauvrit tout autant quand un individu ne reconnaît pas sa mission de vie ou refuse de la remplir.[2]

Chaque personne est irremplaçable et reçoit une tâche à accomplir sur cette terre. Comment comprendre ce qui m'arrive dans *mon quotidien*, aller vers l'essentiel, écouter *mes rêves* et entrer dans *ma destinée ?* Si chaque individu est indispensable par sa singularité, ses talents et ses passions, pourquoi ne pas envisager de vivre à partir de ce potentiel formidable ? Toute personne peut en effet, de façon unique et géniale, devenir *« co-créatrice et collaboratrice de la Création ».*[3]

Les hommes et les femmes menant une existence en fonction de leur singularité irremplaçable éprouvent une plénitude et une satisfaction qui contrastent avec le vide existentiel et les frustrations dont souffrent beaucoup de nos contemporains.

Dans ce livre accessible à tous, Katie Brazelton nous entraîne, grâce à la métaphore d'un cours d'eau à traverser, à la découverte du sens unique de notre existence. Par sa solide expérience de coach existentiel et spirituel, elle nous invite avec humour, à rejoindre *la rive* de l'essentiel et nous propose des exercices pratiques pour réaliser notre destinée.

---

[1] Pour l'édition française
[2] Jean Monbourquette, *A chacun sa mission*, p 36.
[3] Ibid.

Selon Brazelton, notre projet de vie se dévoile au travers de douze étapes. Ces douze préparations nécessaires nous amènent petit à petit à plus de maturité et à la réalisation de notre mission personnelle, afin d'accomplir ce pour quoi nous sommes sur cette terre. Tout en favorisant l'épanouissement de notre personne, chaque étape permet également la prise de conscience des réalités intérieures qui constituent ou bloquent le meilleur de nous-mêmes : notre passé, nos deuils, nos fautes, nos peurs, nos croyances, nos motivations, nos désirs, nos passions, nos rêves, nos traits de caractère… Le discernement de notre destinée requiert réflexion, étude, patience, une grande confiance en la vie, et fondamentalement, la foi en Dieu et la prière !

Si la stratégie d'exploration proposée dans ce livre ne nous épargne pas les incertitudes d'une traversée à risque, elle nous encourage à dialoguer avec notre cœur profond. Elle nous invite à répondre courageusement à de vraies questions et à mieux gérer notre temps, notre originalité et nos différences. Brazelton souligne avec fraîcheur que nos joies profondes peuvent répondre aux besoins du monde, même au sein de nos obstacles, de nos difficultés ou de nos souffrances. Aux côtés de Victor Frankl, elle soutient que *les personnes qui ont un « pour quoi » peuvent endurer n'importe quel « comment »*.[4]

J'ai rencontré Katie Brazelton en 1995 au sein de « mes préparations » ou de mes douze étapes. J'ai connu ce fameux jour « *J* » dont parle cet ouvrage, lorsque quelqu'un vient « frapper à notre porte » et nous offre l'inspiration de tout ce que notre cœur désire. Ce jour « *J* », j'ai réalisé que le coaching existentiel et spirituel contribuait génialement à mon projet de vie et réunissait tout ce que j'aimais, mes talents… et même mes passions !

En écrivant ces quelques lignes, je souhaite rejoindre les témoins d'humanité et de vie abondante qui ont fait l'expérience que *Tout l'univers conspire à notre bonheur*.[5]

---

[4] Voir Viktor Frankl, *Découvrir un sens à sa vie*, 86.
[5] Voir Paolo Coehlo, *L'Alchimiste*, Paris : Éditions J'ai Lu, 1994, 166.

Bien que ce livre soit écrit par une femme et pour des femmes, le ministère de Katie Brazelton s'adresse également aux hommes, aux couples et aux jeunes.

Les principes de coaching existentiel et spirituel exposés ici sont valables pour tout être humain. Des milliers de femmes et d'hommes ont déjà fait l'expérience du bien-fondé de cette traversée en douze étapes offrant pour tout un chacun des repères universels, inspirants et puissants.

Le **C**entre **E**ducatif **P**LEROMA pour une **S**piritualité **I**ntégrée (***CEPSI***) a le privilège d'introduire dans le monde francophone le coaching existentiel et spirituel en lien avec l'œuvre de Katie Brazelton. Notre collaboration, dans sa première phase, consiste en la publication de *De mon quotidien vers ma destinée* parmi six autres ouvrages actuellement traduits en plus de 10 langues. Elle inclut aussi l'ouverture, pour la France et la Suisse, de l'un des deux cents centres de formation prévus par le ministère **L**ife **P**urpose **C**oaching **C**enters, **I**nternational® (***LPCCI***®) dans le monde.

Au dicton « Personne n'est indispensable », nous pouvons assurément substituer « Toute personne est irremplaçable ! » [6] Qui s'acquitte de son projet de vie est assuré/e de trouver du sens à son existence et de vivre dans la plénitude, bref, de demeurer dans son *PLEROMA !*

Viviane Haenni, Collonges–sous-Salève, Avril 2009

Théologienne, Coach certifiée par Tom Paterson (LifePlan™) et Katie Brazelton (Life Purpose Coaching Centers, International®)

Fondatrice du **C**entre **E**ducatif **P**LEROMA pour une **S**piritualité **I**ntégrée ***(CEPSI)***

---

[6] Adapté de Monbourquette, Ibid.

Pour profiter de ce livre

De mon quotidien vers ma destinée ne se lit pas d'un trait comme un roman. Pour que les concepts présentés soient pour vous source de transformation et de maturité vers votre projet de vie, il est recommandé que vous avanciez chapitre par chapitre à votre rythme personnel.

Chaque chapitre propose des activités interactives à suivre impérativement si vous voulez que des changements s'opèrent en vous :

- les *Conseils de ta coach*
- les *Questions personnelles*
- l'*Éclairage biblique* qui vous encouragera à cheminer vers votre destinée dans l'ouverture à Dieu et à la prière.

Pour une meilleure intégration des concepts présentés dans ce livre, il est conseillé de garder une trace écrite des activités interactives et encore mieux de les travailler avec une autre personne.

Le processus d'intégration peut être encore accéléré en se faisant aider par un coach existentiel et spirituel lors d'un accompagnement personnalisé. Vous pouvez consulter à ce sujet le site www.cepsi-pleroma.org ou CEPSI-Coaching et info@cespsi.org.

Quelques ouvrages vous sont proposés en fin de chapitre pour approfondir le thème de chaque étape. Une bibliographie à la fin du livre vous donne toutes les informations nécessaires. *De mon quotidien vers ma destinée* se prête à divers niveaux d'utilisation. Il peut encore servir comme base d'étude pour des rencontres de groupe chez soi ou dans une salle communale ou paroissiale. Le *Guide pour Groupes de Discussions* inclus à la fin du livre facilitera votre démarche.

Introduction

Quand la vie perd son sens…

Ma vie s'envole : les jours sans espoir se succèdent.
Job 7 : 6

George Bailey, personnage principal du film *It's a Wonderful Life*, sombre dans une profonde dépression et envisage même de mettre fin à ses jours parce qu'il n'a pas accompli ses rêves et se sent inutile. Grâce à Clarence, un ange, George se rend compte de l'impact des missions relationnelles spécifiques dans lesquelles il a eu un rôle indispensable. Il en vient à réaliser qu'un objectif s'est clairement dessiné au fil des années et que sa vie a eu et a encore beaucoup d'importance.

A l'instar de George, nous avons tous et toutes des objectifs à poursuivre dont un grand nombre sont en rapport avec nos relations, nos passions, nos talents, nos expériences, nos rêves, nos espoirs et nos désirs. Il est possible de connaître une vie plus dynamique et plus enrichissante que celle que nous avons actuellement, si nous saisissons la vision que Dieu a pour notre vie. Ayant moi-même vécu une transformation radicale, je désire vous faire part des leçons que j'ai apprises pendant la recherche de ma destinée.

A l'âge de 35 ans, je ne m'attends pas du tout à me retrouver divorcée. Gary et moi ayant fait connaissance à l'université, nous nous sommes mariés, nous avons eu deux enfants et construit notre foyer. Soudain, en une conversation qui ne dure que quelques minutes, tout est fini. Désormais, je n'ai plus à m'occuper de mon mari et une grande partie des responsabilités familiales qui ont donné un cadre à ma vie depuis des années n'existent pratiquement plus puisque mes enfants vont souvent chez leur père. Certes, mon sort est moins grave que celui de nombreuses divorcées avec de jeunes enfants. N'étant pas abandonnée financièrement, je ne me retrouve pas en mode de survie. Bien au contraire ! Mon ex-mari aime tellement nos enfants qu'il veut les prendre chez lui fréquemment et ne sait que faire pour nous rendre la vie agréable. J'ai moins de lessive, moins de cuisine, moins de courses et moins d'aide aux devoirs que du temps où nous vivions en famille. Je mène une vie de *princesse divorcée.*

Cependant, en mon for intérieur, je ne vais pas bien. Mon aisance matérielle n'atténue en rien la tristesse incommensurable du divorce. Le cœur brisé, je souffre de solitude. Peu d'enfants du quartier viennent dans notre petite maison et les couples ne m'invitent pas à leurs sorties. Après quelques tentatives malheureuses de rencontres, je fais le choix de ne plus en accepter. Je mène donc une vie très simple et très tranquille, en compagnie de quelques fidèles amis, de ma Bible et de mon nouveau compagnon, le *Guide TV*.

N'ayant plus la pression de rôles à remplir, je me sens terriblement déprimée et inutile. Tout ce dont j'ai rempli ma vie pour lui donner un semblant de sens m'a été arraché ou stagne. Ceux qui me connaissent peu pensent que je suis désorientée, tandis que mes amis proches se rendent compte que je sombre dans le désespoir. Je ressens d'autant plus la douleur de la transition et de l'absence de buts que, depuis cinq ans, je supplie Dieu de me donner une cause à défendre ou un objectif spécifique et qu'apparemment Il ne me répond pas. Dans mon désarroi, je me demande parfois s'il ne me reste plus rien à attendre de la vie, sauf de m'acheter des vêtements à cause de ma perte de poids alarmante liée à ma dépression.

Mon désir ardent de trouver le sens de ma vie

A l'heure où j'écris ces lignes, il s'est passé plus d'une quinzaine d'années depuis cette période difficile et Dieu a donné à ma vie une richesse de signification que je n'aurais jamais imaginée. Au milieu de ce désert d'errance, j'ai amorcé une recherche spirituelle fervente par laquelle Dieu m'a révélé le plan aux multiples facettes qu'Il a pour ma vie. Depuis, grâce à mon ministère dans l'équipe pastorale à l'église Saddleback, puis en tant que coach certifiée de la méthode Tom Paterson,[7] j'ai le privilège d'accompagner des femmes qui recherchent désespérément le sens de leur vie.

> *Toute la vie du chrétien pieux n'est qu'un saint désir.*
>
> *Saint Augustin*

Je reprendrai plus loin le récit de ma quête du sens de ma vie, mais pour l'instant, j'aimerais qu'on parle de toi. Où en es-tu en ce qui concerne ta valeur personnelle et le sens de ta vie ? Est-ce que tu supplies Dieu de t'éclairer sur les buts qu'Il a pour toi ? Suite à mes propres pas hésitants et mon interaction avec des milliers de femmes, je me rends compte qu'un très grand nombre de personnes ont un fonctionnement minimal parce qu'elles se sentent seules, déçues, ou prisonnières d'une vague insatisfaction. Comme elles ne voient pas de raison cruciale à leur vie, elles sont accablées par la culpabilité, se sentent au bord du désespoir et ne livrent leur secret à personne.

En fait, à un moment ou l'autre de leur vie, la plupart des femmes ressentent un vide existentiel plus ou moins prononcé en période de transition, après une perte d'emploi, un déménagement ou un divorce. Ce vide peut aussi se manifester après avoir atteint un but ardemment poursuivi, tel que terminer un marathon, construire une maison, réussir des études, organiser un mariage ou prendre sa retraite. Il se présente de diverses façons comme la dépression post-natale ou la crise de la cinquantaine.

Si tu te trouves dans ce genre de situation, il se peut que tu ressentes une certaine perplexité, de l'ennui et de la confusion. Tu as peut-être soif de

---

[7] Tom Paterson, coach pour le gouvernement américain, devient coach existentiel et spirituel à la suite d'une conversion dramatique. Il est le formateur et le mentor entre autre de Katie Brazelton et Viviane Haenni. Il a écrit *The life you were meant to live*, Lake Forest : Purpose Driven, 2005.

trouver un objectif passionnant auquel tu voudrais consacrer ta vie. As-tu commencé ta vie d'adulte en ayant de grandes idées sur ce que tu allais faire pour apporter un changement dans le monde ? Te débats-tu avec un sentiment de vide, de frustration ou d'absurdité ? Peut-être ne parviens-tu pas à faire taire les questions qui te perturbent au milieu de tes nuits ? Mon Dieu, à quoi je sers sur cette planète ? Pour quoi vivre ? Est-ce que ma vie peut faire une différence dans le monde ? Est-ce que quelqu'un a besoin de moi ? Est-ce que mon existence est utile pour la société ? En tant que chrétienne, pourquoi ai-je le sentiment d'avoir échoué ? Pourquoi est-ce que je ne trouve plus de plaisir dans mes responsabilités familiales, dans mon travail, ou à l'église ? Pourquoi ce ressenti d'insatisfaction ? Pourquoi ne suis-je pas heureuse ? Pourquoi est-ce que j'accumule les regrets ? C'est rien que ça la vie ? C'est tout ce que Dieu a prévu ? A quel moment de ma vie ai-je perdu mes rêves et mes passions ? Si j'entendais l'appel de Dieu, est-ce que j'aurais le temps ou même la force émotionnelle d'y répondre ?

Si tu te trouves confrontée à des questions de ce genre et que tu désires trouver autre chose, sache qu'il y a de l'espoir. Dieu te révèlera la destinée qu'Il a pour toi et tu sauteras de joie en réalisant ce qu'Il a prévu ! Il veut que tu puisses dire : « Je suis dans mon élément. Je suis bien dans ma peau. C'est ce qui correspond tout à fait à la personne que je suis. Je suis née pour ça. C'est génial ! » Ou cerise sur le gâteau dans le cas d'une profession : « Et en plus, je suis payée pour le faire ! »

Ma quête désespérée de réponses

Permettez-moi maintenant de vous raconter comment a débuté ma quête pour trouver le sens de ma vie. Au cours de cette terrible période où je n'avais aucun but, mon amie de longue date, Beth, et moi discutions de nos frustrations. Bien qu'ayant donné notre vie à Dieu, nous avions toutes deux le sentiment d'un immense vide existentiel.

Beth, cinquante ans, vient de faire l'expérience du nid vide et se voit comme « une épouse épuisée, perdue dans un marécage de médiocrité et s'enlisant dans les sables mouvants des années où on se laisse aller ».

Moi, par contre, je suis plutôt sur les nerfs, comme si j'attends quelqu'un (ou quelque chose) d'important qui ne viendra pas, un peu comme on attend un plombier le soir du réveillon.

> *En chacun de nous se trouve l'attente d'une aventure d'amour divin, une soif de transcendance, l'ardent désir de faire partie de quelque chose qui nous dépasse vraiment... Notre cœur brûle d'être lié, dans la poursuite d'un objectif glorieux, à d'autres qui ont la même pensée et le même esprit.*
>
> *Brent Curtis et John Eldredge*

De nombreuses personnes gèrent ce type d'angoisse existentielle, psychologique et spirituelle de façon différente selon que la manifestation est plus ou moins violente.

Pour moi, je suis au désespoir et ne sais pas comment demander mon chemin pour traverser les eaux inconnues de l'absence de but existentiel. Je sais seulement que l'état mental et spirituel où je me trouve n'est pas bon et qu'il faut que je fasse quelque chose – n'importe quoi – pour m'en sortir. Je suis convaincue que je dois faire une démarche audacieuse – n'importe laquelle – et voir ce qui m'arrivera.

Je ne m'attends pas à ce que mon parcours débute en regardant une vidéo offerte par ma mère sur la vie de Mère Teresa.[8] Profondément touchée, je pleure à chaudes larmes chaque fois que je la regarde. Mère Teresa explique que, lorsque Dieu nous appelle à le servir d'une façon spécifique, nous le savons sans l'ombre d'un doute. Elle lance ensuite une invitation à venir à Calcutta.

Prenant Mère Teresa au mot, j'écris aux Missionnaires de la Charité en Inde pour demander l'autorisation de leur rendre visite. Je sais que ces anges de miséricorde obéissent à l'appel de Dieu sur leur vie en s'occupant des pauvres parmi les pauvres dans l'un des contextes les plus désastreux du monde. Je pense donc qu'en travaillant aux côtés de ces femmes tellement en phase avec Dieu, je découvrirai comment

[8] Mother Teresa, film de Petrie Productions, Inc., 1986.

entendre la voix divine, et qu'à l'écoute de leurs fascinants témoignages, je recevrai quelques éclairages sur les intentions de Dieu pour ma vie. Ayant reçu leur accord, j'organise mon voyage pour Calcutta. Bien qu'âgée de 67 ans, ma mère m'accompagne en dépit de mes mises en garde contre le paludisme, les voleurs et les dangers. Mon ex-mari emmène les enfants en vacances, ma mère et moi endossons nos sacs à dos pour un voyage de dix jours dont les répercussions influencent encore notre vie.

A bord de l'avion, si je suis tout excitée, je me demande avec une très grande appréhension si les réponses que je vais recevoir de l'autre côté de l'océan seront à mon goût. Dans tous les cas, je suis reconnaissante d'avoir en ma mère une compagne de voyage fidèle et facile à vivre prête à me soutenir dans ma quête de sens.

> *Voulons-nous vraiment délaisser nos sentiers battus et suivre la voie la moins fréquentée ? La découverte de notre destinée ne se fait jamais passivement.* *
>
> *Bill Thrall, Bruce McNicol et Ken McElrath*

Première étape : l'Inde

Après plusieurs transferts fatigants, nous arrivons à l'aéroport de Calcutta où je hèle un taxi. Mon cœur bat très fort pendant que le chauffeur zigzague entre les pousse-pousse, les charrettes, les bus, les vaches et les piétons. Même si je sais que Calcutta compte onze millions d'habitants dont soixante mille sans abri, je ne suis pas préparée à voir l'état sordide des rues avec des cabanes délabrées de bambous, de papier, de plastique, de boue, de cartons et de pneus. Je scrute le visage des femmes qui mettent les bouses de vaches en boules pour faire cuire la nourriture. Je suis écœurée en voyant des enfants faire leurs besoins

* Bill Thrall, Bruce McNicol et Ken McElrath, *The Ascent of a Leader, How Ordinary Relationships Develop Extraordinary Character and Influence*, San Francisco : Jossey Bass, 1999, 147.

dans le caniveau où d'autres se lavent. Quand le taxi nous dépose dans une ruelle proche de la maison centrale des Missionnaires de la Charité, nous sommes en état de choc. Lorsque la porte du couvent s'ouvre, tout change. Nous recevons un accueil enjoué et bruyant d'une douzaine de novices en saris bleu et blanc. À peine revenues de notre surprise, nous entendons l'une des sœurs nous demander nonchalamment : « Voudriez-vous voir *Mère ?* » Nous en restons sans voix et elle nous escorte à l'étage !

L'expérience est au-delà de ce que nous aurions pu imaginer. Pieds nus, Mère Teresa s'incline pour nous saluer. Bien que voûtée et de petite taille, elle paraît être comme un géant à nos yeux et me rappelle le passage biblique où de telles servantes sont appelées « *chênes de justice* », manifestant la splendeur de l'Éternel.[10] Conscientes de la réputation de cette servante leader et visionnaire ainsi que de son travail parmi les lépreux et les indigents, ma mère et moi n'en revenons pas qu'elle nous fasse place à ses côtés sur un banc de bois bancal. Tout d'abord, elle nous remercie d'être venues pour servir et d'avoir apporté des provisions pour les orphelins. Serrées l'une contre l'autre, nous parlons de choses et d'autres quand je laisse échapper la question qui brûle en moi : « Comment pouvez-vous faire ce travail dans ces conditions sordides ? » Tout en elle exhale la douceur du Christ. Me touchant le bras, elle murmure : « C'est de la joie à l'état pur » [11] tandis qu'un sourire illumine son regard.

Comment peut-elle dire que travailler dans les taudis soit une joie ? Je ne sais qu'en penser. Est-ce une sorte d'énigme ou plutôt la réponse d'un « chêne » solide aux racines bien développées ? Je me demande si, un jour, je serai capable de le comprendre. Se pourrait-il que sa réponse soit une clé pour la paix intérieure et la direction que je recherche ?

A notre retour, si j'étais ravie que le voyage en Inde ait été pour ma mère un rêve devenu réalité, j'en tirais pour ma part une conclusion erronée. Je pensais que la joie de Mère Teresa provenait de ce qu'elle *se*

---

[10] Ésaïe 61 : 3

[11] Mère Teresa dans une conversation avec l'auteur, à Calcutta, le 1er décembre 1987.

sentait bien dans sa peau parce qu'elle avait un projet extraordinaire pour sa vie. Même si je devais découvrir, quelques années plus tard, que ma théorie était fausse, même s'il me restait de nombreux sujets de réflexion, j'avais fait le premier pas dans la quête du sens de ma vie.

Deuxième étape : Viktor Frankl

Un an après mon voyage à Calcutta, j'assiste en dilettante à un cours à l'université quand le professeur se met à parler de Viktor Frankl. Il raconte que ce survivant des camps de concentration nazi administrait des « piqûres verbales » d'objectif aux prisonniers qui allaient mourir de désespoir. Il les aidait à s'accrocher à la vie en leur donnant un but pour leur retour chez eux : terminer une peinture, cultiver un jardin ou embrasser un être cher. Mon « capteur » interne d'objectif s'étant mis à vibrer, je me redresse pour être tout ouïe. Le professeur démontre qu'avoir un but est un besoin vital de l'être humain. Même s'il ne dit pas que notre Dieu Créateur est Celui qui attribue une destinée à chacun de nous, je comprends enfin que ma recherche du sens de ma vie est raisonnable et qu'elle est voulue de Dieu. En fin de compte, je ne suis pas *folle !* C'est le dessein divin que l'être humain soit motivé par un objectif ! Dieu s'attend à ce que nous cherchions le sens de notre existence et que nous écoutions attentivement quand Il nous le révèle. Dans sa sagesse, Il donne à chacune de nous, à des degrés divers, le besoin d'être vue, de se sentir importante, d'apporter notre contribution.

Le désir d'avoir un but existe dans une certaine mesure en chacune de nous, que nous le laissions paraître ou non. J'ai donc entamé des recherches sur le sujet sans savoir où Dieu me conduirait. Cependant, je m'intéressais de plus en plus à ce que nos contemporains, surtout les chrétiens, comprennent leur destinée et je consignais par écrit des tas de réflexions décousues. C'est ainsi que j'ai repris ce qui me tenait à cœur : découvrir le sens de ma vie.

Troisième étape : l'église de Saddleback

Plusieurs années après la révélation que Dieu m'a donnée pendant ce cours à l'université, Il a fait en sorte que mes enfants et moi allions à l'église de Saddleback. Dès que j'ai entendu le pasteur Rick Warren parler des objectifs que Dieu a pour l'église et pour notre vie, j'ai su que j'étais au bon endroit. Plus tard, lorsque notre relation s'est approfondie, Il m'a dit que j'avais besoin, comme beaucoup d'autres personnes d'ailleurs, de recevoir régulièrement une *transfusion d'objectifs* pour continuer à fonctionner !

Maintenant, grâce à Dieu qui me parle à travers la Bible, je peux prendre moi-même ma dose quotidienne d'objectifs. J'ai appris que les buts qu'Il a pour moi sont les mêmes que pour vous. Il nous a conçus pour que nous soyons en relation avec Lui, que nous Le connaissions et que nous Lui ressemblions toujours davantage, que nous servions les autres en Le glorifiant.

Quand j'ai mieux compris ces objectifs, j'ai réévalué tous les domaines de ma vie. J'ai réalisé que m'investir dans mes tâches quotidiennes est un grand honneur, qu'il est important que je mûrisse spirituellement et que je comprenne ce que Dieu me révèle quant aux buts spécifiques qu'Il a pour moi sur cette terre.

Après avoir réfléchi sur tout ce que j'avais appris depuis mon séjour à Calcutta, j'ai compris que le but général d'une vie peut se décliner ainsi : *faire – être – faire*. *Faire* aujourd'hui ce que Dieu me demande de faire dans ma famille, dans mon travail et dans la société. *Être* davantage comme Jésus. Puis, *faire* l'œuvre spécifique et audacieuse que Dieu a spécialement prévu que je fasse !

En ayant cette vérité pour fondement, j'ai devant moi un nouveau défi : découvrir les modalités de ce *faire – être – faire* dans ma vie.

Les étapes pour découvrir le but de notre vie

Il est rare de découvrir facilement le but de notre vie. Pour la plupart d'entre nous, y compris l'auteur de ce livre, c'est au prix de beaucoup de persévérance et parfois d'efforts épuisants et en plus, nous n'y parvenons généralement pas toute seule. En tout cas, en ce qui me concerne, je n'y serais pas arrivée sans l'aide de Maureen, ma sœur cadette. C'est elle qui m'a enseigné que, quel que soit le but à atteindre, il est important de suivre un chemin confirmé par l'expérience et déjà balisé. À première vue, ce que j'apprends avec ma sœur n'a rien à voir avec ma quête sur le sens de ma vie, mais avec ma forme physique, particulièrement la mollesse de mes muscles que je traîne depuis mes grossesses. Comme Maureen a terminé vingt-sept marathons et trois triathlons, je lui demande d'être ma coach de fitness et de m'aider à retrouver ma forme.

À notre premier entraînement, elle me dit de faire le tour du pâté de maisons en alternant la course et la marche. Je le fais régulièrement, bien qu'en rouspétant, jusqu'à ce que je sois capable de faire le tour de trois pâtés de maisons en courant. C'est alors que Maureen m'annonce : « Si tu peux faire le tour de trois pâtés de maisons en courant, tu devrais essayer une course de 5 km. » Je m'entraîne beaucoup et je franchis la ligne d'arrivée uniquement pour lui prouver que moi aussi je peux gagner un T-shirt.

« Si tu peux gagner une course de 5 km, me dit-elle, tu peux en faire une de 10 km ». Comme j'aime être avec elle, je l'accompagne dans les entraînements et les courses et mets beaucoup de kilomètres à mon actif. Vous devinez ce qu'elle me dit ensuite : « Si tu peux courir 10 km, tu peux participer à un demi marathon ». Je continue péniblement et j'y arrive, stimulée par l'avantage supplémentaire de perdre du poids. Finalement, je participe à un demi marathon sur terrain accidenté en pleine canicule et j'arrive deuxième. Je suis fière d'avoir gagné une médaille !

En fait, à l'arrivée, je cours encore sur un kilomètre pour essayer de rattraper ma sœur qui me lance : « Si tu peux courir un demi marathon dans la chaleur, tu peux faire un marathon ». Je vous assure que, si j'avais été assez rapide pour la saisir, je lui aurais fait retirer sa parole ! J'en ai vraiment assez, mais elle a une puissance que je n'ai pas. Munie d'un objectif, d'un plan et d'une stratégie, elle n'a de cesse qu'elle ne m'ait fait progresser d'un niveau de compétition au suivant. Même si je lui ai très vite pardonné, je n'ai pas pu oublier le défi qu'elle venait de me lancer.

Peu de temps après, en partenariat avec elle, je cours mon premier marathon. Pendant 28 km, j'ai une résistance à toute épreuve, puis j'ai le fameux *passage à vide*.

29 Km – j'avale une boisson énergisante pour me redonner du tonus
30 Km – je demande qu'on m'asperge d'eau
32 Km – je me plie en deux à cause de la faim qui me tenaille et pleure comme un bébé
33 Km – je dis : « Parlez-moi… Non, ne me parlez pas »
35 Km – je demande à Dieu qu'il arrête tout
36 Km – je demande à ma sœur de me pousser
38 Km – je suis trop fatiguée pour me plaindre
40 Km – je hurle de colère et de douleur : la course est de la folie pure
41 Km – je me traîne en suppliant que quelqu'un me tue
41,9 Km – je sprinte jusqu'à la ligne d'arrivée à 3 h et 59 minutes
42 Km – je m'écroule sur l'herbe et je ris aux éclats !

Malgré l'expérience du *passage à vide*, ce marathon et plusieurs autres par la suite ont été pour moi des temps forts. Je dois une grande partie de ma réussite à ma sœur, ma coach, parce qu'elle maîtrisait parfaitement le processus de la formation pour tenir sur le long terme. C'est grâce à sa connaissance de chaque étape du processus et à son aptitude à me motiver qu'elle a réussi à me tirer (et parfois à me pousser) vers le but.

Je trouve une grande ressemblance entre vouloir apprendre à courir un marathon et chercher à définir le sens de notre vie. Dans les deux cas, nous avons besoin d'un guide ou d'une partenaire qui a une bonne compréhension du chemin où nous voulons aller et qui peut nous préparer aux défis et aux risques qui sont devant nous. De nombreuses femmes, parmi elles trop de chrétiennes, ne découvrent pas – et donc ne remplissent pas – leur destinée parce qu'elles n'ont pas de mentor, de formatrice, de conseillère pour les entraîner à atteindre la prochaine balise située à chacune des étapes.

Si tu as vraiment envie d'éliminer de ta vie le vide existentiel, la peur, l'ennui et l'absence de sens, permets-moi d'être ta *Maureen*. Prends le départ avec moi et tu découvriras que chaque étape en direction du dessein de Dieu pour ta vie te réserve défis et joies. Viens avec moi et tu auras une vue plus claire de la vie que ton Père céleste a toujours voulu que tu aies, une vie riche de sens, où tes relations sont authentiques et ta paix intérieure est profonde.

Le chemin ne sera pas facile à parcourir mais nous avancerons ensemble. Nous compterons sur Dieu pour qu'Il nous révèle les étapes qui conduisent à la découverte de ce qu'Il a prévu comme objectifs quotidiens et comme but unique à long terme dans ta vie.

Si tu sens que Dieu t'invite à aller de l'avant, rejoins-moi pour l'aventure passionnante qui est de marcher vers ta destinée.

LIVRES POUR APPROFONDIR

Peck Scott - ***Le chemin le moins fréquenté***

Frankl Viktor - ***Découvrir un sens à sa vie avec la logothérapie***

Buber Martin - ***Le chemin de l'Homme***

McClung Floyd - ***Découvrez votre destinée***

Soria Sophie - ***Un coach nommé Jésus***

Chapitre 1

Laisse le passé derrière toi

Oubliant le chemin parcouru et tout tendu en avant, je m'élance vers le but, en vue du prix attaché à l'appel d'en haut que Dieu nous adresse en Jésus Christ.

Philippiens 3 : 13-14

Imagine que découvrir ta destinée soit comme la traversée d'un cours d'eau. Sur l'autre rive, des clairières pleines de charme et des panoramas attrayants nous donnent envie de le franchir le plus vite possible. Toutefois, comme le courant est rapide et recouvre des trous très profonds, Dieu a providentiellement placé des pierres qui émergent de l'eau pour que nous rejoignions l'autre bord en toute sécurité. Pour éviter un plongeon prématuré, assurons-nous que tu es prêt/e à entreprendre ce parcours.

Prends le temps de te poser sérieusement quelques questions sur le rythme que tu penses pouvoir adopter. *À l'heure actuelle, suis-je capable de soutenir une cadence intense et rapide ? Suis-je préparée physiquement, émotionnellement et spirituellement à laisser le passé derrière moi et à tendre de toutes mes forces vers l'avenir pour accomplir totalement ou en partie les plans de Dieu pour ma vie ? Est-ce qu'il serait préférable que j'avance tranquillement, un pas à la fois ? Ou vaut-il mieux que je fasse un survol rapide du parcours en vue de l'entreprendre quand je serai prête ?*

Le premier pas essentiel

Si tu désires prendre le départ et poser ton pied sur la première pierre des cours d'eau à traverser, parlons de la première décision que nous tirons du verset de la Bible cité en tête de ce chapitre : *Oubliant le chemin parcouru.* Ne trouves-tu pas que c'est étrange comme début ? C'est aussi ce que je pensais, mais notre Dieu est sage : Il sait que porter le fardeau du passé peut nous épuiser comme si nous avions sur le dos un sac rempli de pierres. Ce poids peut nous empêcher de remporter le prix. Nous allons voir pourquoi *oublier ce qui est en arrière* est en réalité un beau cadeau de Dieu.

> *Quiconque peut considérer sincèrement et courageusement son passé comme un apprentissage et une formation, progresse sur la voie de la vraie vie. Cette façon de vivre lui permet de s'accepter tel qu'il est avec ses travers et ses faiblesses.* *
>
> *John Trent*

Oublier signifie que tu mets une distance entre toi et les ennuis et les souffrances que tu as vécus. Cette directive divine te libère de la culpabilité et de toute honte. Elle allège le fardeau du regret ou de l'amertume et t'aide à réaliser que tu es plus forte émotionnellement que tu ne le croyais, puisque tu *as survécu* à toutes ces souffrances. Laisser le passé derrière soi te donne de l'espoir pour l'avenir, parce que tu t'aperçois que Dieu a vu ce que tu as traversé et qu'Il sait comment Il va s'en servir pour accomplir Ses projets dans ta vie. Oublier le passé, afin de pouvoir tendre vers le but est une progression aux multiples aspects qui ne se fait ni rapidement, ni en une seule fois.

Selon les psychologues, l'oubli n'est pas possible (sauf par un refoulement dangereux) tant que la personne n'a pas eu de guérison sous une forme ou une autre. C'est pourquoi, avant de nous lancer à la découverte de notre destinée, il est bon de nous concentrer pendant un certain temps sur notre guérison intérieure et de mettre derrière nous ce qui pourrait nous freiner ou nous arrêter par la suite. Si à l'heure actuelle tu traînes encore de graves blessures relationnelles ou si tes émotions sont à vif suite à un récent chamboulement, il vaut mieux que tu avances avec précaution dans cette exploration de l'inconnu, mais je te conseille d'*avancer* quand même. Ce chapitre va t'aider à commencer, avec le secours de l'Esprit Saint, à faire face à la souffrance ou au traumatisme qui te déchire. Ne t'inquiète pas des étapes suivantes. Aujourd'hui, dans la découverte de ta destinée, guérir est ta priorité !

Risques encourus en sautant cette étape

As-tu envie de sauter l'étape de la guérison intérieure et de l'abandon du passé en pensant que c'est moins important que ce que Dieu veut *vraiment* que tu fasses pour lui ? Je préfère te prévenir : tu cours le risque de te trouver dans un cercle vicieux de leçons non apprises, de questions en suspens et de souffrances non résolues. Tu ne seras pas équipée psychologiquement, émotionnellement ou spirituellement pour gérer les missions que Dieu te donnera. Je le sais parce que c'est exactement ce que j'ai fait ! Quand j'étais jeune, comme je ne réalisais pas qu'il était nécessaire de reconnaître son passé, d'y faire face et d'en guérir, je pensais que je pouvais le laisser de côté et aller de l'avant. J'avais adopté la devise de Scarlett O'Hara, l'héroïne d'*Autant en Emporte le Vent :* « J'y penserai demain ».

Dès le début de notre mariage, mes souffrances et mon déni ont eu des conséquences néfastes. Mon mari Gary, jeune policier détective dynamique, reçoit la médaille du mérite pour avoir sauvé un officier au risque de sa vie, « sans considérer sa sécurité personnelle, pour son héroïsme au-dessus et au-delà de l'appel du devoir, pour son courage extraordinaire face au danger physique imminent… » Si Gary se sent très honoré, une partie de moi meurt de peur. Refoulant mes craintes et mes inquiétudes, je m'efforce de rester calme dans le monde des policiers et des voleurs où évolue mon mari et plus tard, dans celui de la brigade des stupéfiants où il est agent secret. Ma devise de survie me paraît géniale : *Je suis Madame Super épouse de Monsieur Super flic. Je suis capable de tout gérer.* Certes, ma réaction face au stress n'est ni compliquée, ni biblique, mais je suis jeune et je ne me rends pas compte que je prépare moi-même ma chute.

En 1981, à l'âge de 33 ans, Gary, victime d'une crise cardiaque pendant son service, subit un triple pontage, suivi d'une mise à la retraite. Aux problèmes de chômage et de pertes de salaire, s'ajoute pour lui la fin brutale de son rêve d'une brillante carrière dans la police. Pour aggraver la situation, l'un des chirurgiens lui annonce qu'une nouvelle opération sera probablement nécessaire dans cinq ans. Comme je vois mon mari souvent en proie à la peur de mourir, je deviens une spécialiste de l'encouragement et m'efforce de toujours paraître gaie ! Pourtant, rien ne va !

Après la crise cardiaque de Gary, l'année qui suit est jalonnée par toute une série d'événements malheureux. À l'université où j'enseigne, je vis le décès de deux personnes qui me sont chères : une collègue et l'une de mes étudiantes. Mon beau-père et ma mère font plusieurs séjours à l'hôpital suite à des ennuis cardiaques. Notre maison est inondée avec 60 centimètres d'eau. Au milieu de tout cela, je dois fréquemment emmener mon mari à l'hôpital en urgence sans avoir le temps de prévenir nos familles. Je me revois encore seule et secouée de tremblements pendant que les médecins tentent de le ranimer. En plus, je tombe enceinte de notre deuxième enfant. Malgré tout, je m'en sors et je pense qu'il est de mon devoir de tout gérer.

Après la naissance de notre fille, un beau bébé en bonne santé, je tombe dans une dépression plus profonde et plus longue que la normale suite à une insuffisance thyroïdienne, laquelle n'a pas été diagnostiquée. Pendant cinq mois, je ne fais presque rien si ce n'est dormir et pleurer sans avoir la force de m'habiller et même parfois de quitter le lit. J'écris dans mon journal que je vis un cauchemar sans pouvoir sortir de l'abîme où je suis tombée. Il m'arrive d'être incapable d'écrire. Brisée, hébétée, le regard fixé sur l'aiguille qui marque les secondes à la pendule, je supplie Dieu : « S'il Te reste un peu de compassion pour moi, aide-moi à survivre pendant la seconde suivante ». Incapable de prier dans mon abattement, je compte sur les prières de ma famille. J'ai l'impression d'être une fragile poupée de porcelaine sur le point de se briser. Un jour, je griffonne sur l'enveloppe d'une facture impayée : « Descente vertigineuse vers un abîme d'obscurité. Immensément triste. Peur et confusion. Assise dans le noir. Épuisée et sans espoir ». Plus tard, pendant ma lente convalescence, je vais écrire : « Seigneur, si je devais retomber dans une dépression aussi profonde que celle dont Tu viens de me tirer, je n'aurais pas la force de coopérer à nouveau avec Toi. Je préfèrerais la mort à cette atroce épreuve. »

Dieu a pour spécialité de prendre les « faibles » de ce monde pour en faire de belles âmes vaillantes. À Ses yeux, une vie brisée n'est pas un échec, mais le tremplin vers une profonde spiritualité. *

Judith Couchman

J'aimerais pouvoir dire que j'ai ensuite fait ce qu'il fallait pour oublier le désespoir de mon passé et le mettre derrière moi, mais ce ne fut pas le cas. J'ai plutôt appris à vivre en maniaco-dépressive, un style de vie dans lequel je réussissais fort bien.

Pendant les années qui ont suivi ma déprime et mon divorce, j'ai acheté une décapotable rouge, fait installer une piscine dans mon jardin, pris des vacances à l'étranger, repris des études universitaires et appris à me défendre au travail. Ma stratégie pour faire face à ma souffrance était devenue : « En dépensant et en voyageant, en travaillant, en étant dure envers moi-même, j'arriverai à anesthésier ma douleur. » Terrifiée à la pensée de retomber dans la dépression, je refusais la souffrance. Contrairement à une mère seule et dépressive, je me défonçais dans l'activisme.

En fait, j'espérais qu'au milieu de mon agitation, je découvrirais les projets de Dieu pour moi. Je ne me rendais pas compte qu'endormir la douleur était devenu l'objectif que je poursuivais et que le fardeau de mon passé pesait sur ma vie quotidienne. Il m'a fallu des années avant de pouvoir entendre la voix de Dieu tant je vivais dans le bruit et la confusion.

---

* Judith Couchman, *Designing a Woman's Life : A Bible Study and Workbook*, Sisters, Ore. : Multnomah, 1996, 91.

Au fur et à mesure de notre parcours à la découverte de ta destinée, je te raconterai comment j'ai progressivement oublié le passé et avancé vers le but auquel Dieu m'a appelée. Cependant, dès maintenant, je veux que tu comprennes que je suis l'illustration parfaite de la grâce divine. Je n'aurais jamais imaginé que Dieu puisse se servir d'une épave comme moi pour aider d'autres personnes. Je n'arrive toujours pas à le comprendre mais je suis remplie de reconnaissance et d'humilité envers Dieu parce que c'est son œuvre.

Même avec un passé très sombre, tu peux aller de l'avant

> *J'ai encore de mauvais jours, mais ça va. Autrefois, c'était des années.*
>
> *Anonyme*

J'aime la façon dont Dieu accueille toutes les femmes et les hommes qui désirent entrer dans ses projets de construction du Royaume, quelles que soient les déchirures et les traces de leur passé. Il utilise chaque élément de notre vie et ne recule pas devant nos blessures et nos échecs ; bien au contraire, Il se plaît à nous offrir l'espoir, une seconde chance et la résurrection. Il est avec toi en ce moment même, Il veut te former et Il t'invite à te préparer pour collaborer à Son œuvre sur la terre.

Dans mon ministère d'encouragement, j'ai pris en affection beaucoup de femmes qui ont survécu à d'horribles problèmes et de grandes souffrances. À un moment ou l'autre de leur vie, elles ont eu désespérément besoin d'espoir. Elles ont courageusement fait face à leur passé, l'ont remis entre les mains de Dieu et sont allées de l'avant. Le témoignage de leur restauration au sein de l'épreuve est plus marquant pour moi que la célébrité ou la réussite matérielle de certaines. Parmi elles, voici une grand-mère dont la petite-fille chérie est morte du sida à l'âge de deux ans suite à une transfusion sanguine ; une épouse qui, à son réveil, découvre sur la table de chevet l'alliance de son mari et ces quelques mots : « Je ne peux plus être marié avec toi » ; ou encore une maman qui tient dans ses mains la tête de son fils grièvement blessé en attendant l'arrivée de l'ambulance sur le lieu isolé de l'accident. Ces femmes savent par expérience que Dieu peut se servir de grandes souffrances et tourner le mal en bien. Bien qu'étant descendues dans les profondeurs de l'enfer, elles ont survécu et annoncent à d'autres que Dieu a toujours été à leur côté et que sa puissance et sa grâce agissent parmi les cendres éparses du désespoir. Si Dieu a trouvé moyen d'utiliser leur souffrance et la mienne pour accomplir Ses projets, il peut aussi se servir de la tienne. Que cette pensée puisse t'apporter du réconfort !

Qu'en est-il de ta vie ?

Il se peut que tu aies relativement peu souffert ou qu'au contraire tu aies connu de terribles épreuves. La vie est-elle dure pour toi ? *En ce moment même,* es-tu :

- *Constamment en butte à des situations agaçantes :* par exemple, les exigences de ton patron, des bruits bizarres dans ta voiture, des réparations coûteuses…
- *Au bord de l'épuisement à cause de circonstances pénibles qui perdurent :* par exemple, un adolescent rebelle, un conjoint non croyant, un enfant handicapé, tes propres peurs…
- *Consterné/e suite à de mauvaises nouvelles constantes et inattendues :* par exemple, ta belle-mère demande à venir vivre chez vous, ton médecin t'annonce que la tumeur est maligne, l'inspecteur des impôts réclame des arriérés, ta fille t'annonce qu'elle ne peut plus s'occuper de ses enfants et qu'elle te les a laissés devant la télévision…
- *Fatigué/e de lutter contre des péchés récalcitrants :* par exemple, adultère, dépendance, agressivité…
- *Las/se de repousser le souvenir obsédant des non-dits :* par exemple, l'inceste, l'abus, la perte d'un enfant…

Te sens-tu incapable d'oublier tes difficultés passées ou présentes, sans parler d'aller de l'avant ? Es-tu en colère à l'idée que Dieu veuille que tu laisses le passé derrière toi ?

N'en reste pas là : je sais par expérience que Dieu est au sein de l'épreuve pour t'ouvrir de nouvelles perspectives.

> *Toi, tu tiens le compte de chacun des pas de ma vie errante, et mes larmes même tu les gardes dans ton outre. Leur compte est inscrit dans ton livre.*
>
> *Psaume 56 : 8*

La personne que tu es aujourd'hui est le résultat de ton passé et de ton présent, non seulement des malheurs que tu as vécus mais aussi de ce qui t'est arrivé de bon et de ce que tu as réussi.

Dans le projet de vie que Dieu a pour toi, Il choisit d'utiliser tout ce qui fait que tu es toi : tes relations, tes espoirs et tes désespoirs, ce qui te motive et te fait peur, tes croyances et tes doutes, tes amours, ton corps et ta personnalité. De plus, Il n'a pas besoin de forcer quoi que ce soit, Il sait comment se servir de tes circonstances pour accomplir Ses projets. Es-tu prête à vider ton sac à dos et te décharger du fardeau de ton passé ? Veux-tu permettre à tes anciennes blessures de guérir ? Si oui, allons de l'avant. C'est pour ton bien que Dieu veut que tu traverses le cours d'eau afin qu'un jour, tu puisses à ton tour aider d'autres personnes à passer sur l'autre bord.

Conseils de ta coach pour laisser le passé derrière toi

Pour laisser le passé derrière toi et aller de l'avant dans la découverte de ta destinée, prends tout le temps dont tu as besoin pour faire les exercices ci-dessous. Résiste à la tentation de prendre des raccourcis qui ne mènent qu'à des impasses !

Fais par écrit la liste des événements douloureux de ton passé

Après avoir demandé à Dieu de te guider, fais par écrit la liste des éléments négatifs et noirs de ton passé, particulièrement des souvenirs douloureux. Même si l'expérience est ancienne, si tu te débats encore avec des séquelles, il faut t'en décharger pour entrer dans ton projet de vie selon Dieu. Ne discute pas pour savoir si tu vas ou non traiter ta souffrance. Dis à Dieu que tu ne veux plus t'en préoccuper. Demande-Lui de l'aide pour pouvoir prendre de la distance et te guérir de ton passé.

Un conseil de prudence : Si tu luttes contre la dépression ou que tu as de profondes blessures, commence par admettre que tu souffres. Tu as certainement besoin de te faire accompagner. Choisis une femme sage en qui tu peux te confier, une conseillère professionnelle ou une amie mature pour progresser dans ta guérison. Si un événement douloureux a impliqué une personne à qui tu dois demander pardon ou dont tu dois recevoir le pardon, fais tout ton possible pour y remédier. Tourner la page sur le problème t'aidera à guérir. Occupe-toi de chaque souvenir à ton rythme personnel et quand il est réglé, barre-le de ta liste.

Souviens-toi d'une expérience de guérison

Pense à une souffrance émotionnelle ou physique dont tu as été guérie. Imagine ton processus de guérison comme une montagne que tu as escaladée ou un précipice que tu as franchi. Te souviens-tu combien cette épreuve te faisait peur ? Pourtant Dieu t'a donné tout ce qui t'était nécessaire pour la surmonter. Tu as donc la preuve que la puissance divine est à l'œuvre à l'intérieur de toi. Ayant traversé ta difficulté, tu en as une autre perspective. Alors, prends courage en considérant le chemin parcouru.

Refais maintenant cet exercice pour une blessure émotionnelle dont tu voudrais guérir. Considère le défi qui est devant toi, puis imagine la victoire que Dieu va te donner. Ne te laisse pas intimider par les désagréments du processus, puisque tu as déjà traversé victorieusement une difficulté similaire. Tu connais la providence divine : laisse Dieu t'aider à nouveau.

Prends dans la prière la décision de faire confiance à Dieu

Décide aujourd'hui de croire que Dieu a un projet de vie pour toi dans lequel Il va utiliser ton passé et en tirer du bien pour l'avenir. Cette décision cruciale nécessite un acte de ta volonté. Fais maintenant le choix de fixer tes regards sur ce qui est devant toi.

Écris ton témoignage

Mets par écrit l'histoire de ton parcours sur environ trois ou quatre pages. Cette rédaction te permet de prendre conscience de tes progrès dans ta guérison émotionnelle. Tu as du mal à le rédiger ? Sur la première page, décris ce qui se passait dans ta vie avant que tu ne connaisses Jésus ou que tu ne grandisses dans la foi ; sur la deuxième page, raconte comment Dieu, dans sa grâce, t'a guérie ; sur la troisième, explique ce que tu penses avoir compris des projets de Dieu pour ta vie. Ensuite, rappelle-toi qu'un témoignage est une déclaration publique : trouve quelqu'un avec qui le partager !

Pose-toi la question : à qui ma peine donnera-t-elle de l'espoir ?

Je suis sûre que tu as déjà compris que mon travail de coach est la résultante des nombreuses guérisons que Dieu a opérées en moi. Face aux besoins des personnes blessées qui désirent connaître le sens de leur vie, je peux compatir ayant moi-même été libérée de paralysies émotionnelles, d'une mentalité de victime et d'une façon absurde de penser.

C'est pourquoi, j'insiste auprès de toi pour que tu discernes le genre de personnes avec qui tu peux le mieux sympathiser, celles à qui le témoignage de tes souffrances et de ton espoir fera du bien. Pose-toi la question : « Quelle personne ou quel groupe a besoin de savoir que Dieu nous a fait des promesses incroyables pour notre destinée ? » Ensuite, chaque fois que viendra la tentation d'abandonner ton travail de guérison intérieure, souviens-toi qu'il y a des personnes qui tireront un bénéfice de ta persévérance.

Recherche la compagnie de celles qui vivent l'espoir

Prendre exemple sur des personnes positives peut avoir une grande influence sur notre vie. Côtoyer régulièrement des femmes de courage, lire des biographies inspirantes comme celles de Marie Durand, Florence Nightingale, Corrie ten Boom, Joni Eareckson Tada…

C'est maintenant le temps de faire confiance aux objectifs de Dieu pour ta vie

Veux-tu faire ce pas : *Oublier ce qui est en arrière et tendre vers le but devant toi* ? Dans ce cas, fais les exercices que je t'ai proposés ci-dessus, recherche Dieu et les objectifs qu'Il a pour toi. Après un dernier coup d'œil sur ton passé, détourne tes regards et fixe-les sur l'autre rive du cours d'eau. Tu es capable de *« tendre vers le but pour remporter le prix attaché à l'appel d'en Haut ».* [13]

Dieu prend plaisir à tourner le mal en bien. Il est ton Père et Il t'aime.

[13] Philippiens 3 : 14

Plein de délicatesse, Il rassemble les éléments de ta vie en un paquet-cadeau qui t'apporte l'espoir et le sens de ta destinée. Que le malheur ait brisé ta vie ou que tu aies vécu dans le bonheur, décide aujourd'hui de laisser le Seigneur faire de toi ce qu'Il veut. Fais-Lui confiance : Il utilisera le meilleur et le pire de ton passé (et de ton présent) pour accomplir les projets qu'Il a pour toi.

Nous voici au bord du cours d'eau. Veux-tu poser ton pied sur la première pierre ? Tu dois prendre ta première décision : que vas-tu répondre quand Dieu t'offre d'utiliser les richesses et les faiblesses de ta vie pour te donner un avenir plein d'espérance et faire de toi celle qu'Il a prévue que tu sois ? Il attend ta réponse. Ne tarde pas ! Un parcours passionnant s'ouvre devant toi.

Éclairage biblique

LE CHOIX DE VIE DE MARIE DE MAGDALA :
LAISSER LE PASSE ET COURIR VERS LE BUT

Laissons-nous interpeller par Marie de Magdala
Luc 8 : 2 et Jean 20 : 1-18

Jésus a chassé sept démons de cette femme ; pourtant après sa résurrection, c'est à elle qu'Il confie en premier de porter un message à ses disciples.

Depuis des siècles, l'histoire de la grâce de Dieu envers cette pécheresse redonne courage à des milliers de femmes dans le monde entier. Vas-tu laisser le Seigneur utiliser ta vie de souffrances, de rêves brisés et d'échecs pour donner de l'espoir à d'autres ? Veux-tu Lui demander de pardonner tes péchés, tes atermoiements et tes méfiances, afin que ton histoire serve à encourager d'autres femmes ? Si tu réponds oui, dis-le Lui maintenant !

LIVRES POUR APPROFONDIR

Pacot Simone - ***L'évangélisation des profondeurs***

Lecomte Jacques - ***Guérir de son enfance***

Basset Lytta - ***Au-delà du pardon : le désir de tourner la page***

Seamands David A. - ***Guérir des blessures émotionnelles***

Roustang François - ***La fin de la plainte***

Young Paul W. – ***La cabane***

Questions personnelles pour progresser

1. Mets par écrit cinq situations qui ont été la cause de souffrance, de blessure, de rejet ou d'échec. Par exemple : le cancer, l'abus sexuel, la faillite, l'adultère, la stérilité, une fausse-couche, un avortement, le décès d'un être cher, le chômage, un vol, la discrimination, une catastrophe naturelle…

2. Comment Dieu a-t-il tiré du bien de l'une ou de plusieurs de ces circonstances ?

3. Bien que ce chapitre ait surtout traité des mauvais souvenirs qu'il est bon d'oublier et de laisser derrière soi, Dieu veut aussi se servir, dans son plan pour ta vie, de ce que tu as réussi et de tes bons souvenirs. Choisis-en cinq : par exemple, renouer des relations, garder son couple, bien élever ses enfants, terminer un marathon, arrêter une dépendance, acheter une maison, faire des voyages, enseigner le catéchisme…

4. Comment Dieu s'en est-Il servi pour le bien dans ta vie ?

5. Comment pourrais-tu utiliser certaines de tes réponses aux questions 1 et 3 pour donner de l'espoir à quelqu'un ?

Chapitre 2

Fais ce qui est important aujourd'hui

Comme tu m'as envoyé dans le monde, je les envoie dans le monde.

Jean 17 : 18

Si tu as décidé d'avancer dans la découverte de ta destinée, allons-y ! Inspirons profondément, faisons une grande enjambée et posons nos pieds sur la deuxième pierre : « Apprendre à *faire aujourd'hui ce que Dieu t'envoie faire dans le monde* » ! Je reconnais qu'elle paraît bien ordinaire et peu attrayante, mais elle est fermement ancrée dans le cours d'eau et te fera beaucoup progresser. Pourtant, de nombreuses femmes ont du mal à accepter cette étape. Certaines, surtout celles dont la vie est difficile, tentent de l'éviter dans leur hâte de découvrir une destinée plus attrayante. À cause de leurs dures tâches quotidiennes qui passent inaperçues, elles ont envie de tendre le poing vers le ciel et de crier : « J'en ai assez ! Maintenant, je veux faire des choses intéressantes et gratifiantes ! » Dans leur épuisement, elles ne se rendent pas compte que leurs rôles actuels font partie de leur destinée et que leurs efforts persévérants ont un très grand prix devant Dieu.

D'autres doutent qu'une pierre aussi ordinaire puisse conduire à un objectif glorieux. « Comment, pensent-elles, pourrait-il y avoir un rapport entre la façon dont j'accomplis chaque jour mes obligations courantes, banales et une destinée passionnante plus tard ? En quoi m'occuper des affaires d'aujourd'hui peut-il être la garantie d'un lendemain exaltant et motivant ? » Redoutant les déceptions et les faux espoirs, elles rebroussent chemin et ne réalisent pas qu'en abandonnant, elles laissent aussi tomber leurs rêves et leurs espérances. Bien que je comprenne que tes responsabilités terre-à-terre d'aujourd'hui te paraissent sans attrait et infiniment éloignées du but signifiant que tu désires atteindre, je t'encourage à prendre une position ferme sur cette pierre. Accomplir ce que tu dois faire aujourd'hui, même si c'est difficile, incompréhensible ou ingrat, remplir tes rôles qui ne sont ni passionnants ni sensationnels, est lié à la mission exaltante que Dieu a prévue pour ton avenir. C'est l'étape la plus sûre et la plus efficace pour ta progression vers les objectifs passionnants de demain.

Ton aujourd'hui a de la valeur pour Dieu

Dieu a choisi pour chacun/e de nous un certain nombre de tâches quotidiennes spécifiques que nous accomplissons dans nos rôles au sein de notre famille, notre profession et notre cadre de vie. Il nous demande aussi de prendre soin de notre vie personnelle, y compris notre bien-être mental, physique, émotionnel et spirituel. Même si nous ne saisissons pas la valeur de ces obligations courantes, Dieu veille à s'en servir pour accomplir Ses projets. Il nous faut donc apprendre à voir Dieu comme Souverain de notre aujourd'hui. Au lieu de me demander : « Qu'est-ce que je veux entreprendre de remarquable pour Dieu ? », il vaut mieux poser la question : « Qu'est-ce que Dieu veut que je sois et que je fasse aujourd'hui ? » Nous ratons la richesse potentielle de chacune de nos journées quand nous ne voyons pas dans nos tâches quotidiennes les possibilités de Dieu.

Je suis moi-même tombée dans le piège. Pendant les années où j'étais mère au foyer, je pensais continuellement que je *devrais* faire autre chose. Je soupirais après un objectif grandiose et ne voyais dans les couches à changer et les repas à préparer que des devoirs monotones et ennuyeux alors que j'aurais dû les considérer comme des rendez-vous divins pour bénir mes proches.

Je sais maintenant que toutes nos expériences de vie ont de la valeur pour Dieu. Tous les jours, Il évalue notre bonne volonté et notre fidélité dans les activités courantes pour voir si nous pourrons nous occuper des missions spéciales qu'Il aimerait confier à celles qui sont fidèles. Dieu n'a pas prévu que tu passes ta journée obnubilée par la poursuite de *cette chose future,* alors que toutes *ces choses présentes* sont là devant toi. Tu es née pour avoir un impact dans des centaines de circonstances courantes en ressemblant à Jésus.

> *Chaque saison de la vie contient des opportunités et des défis qui lui sont propres. Pour grandir spirituellement, cessons de souhaiter nous trouver dans une autre saison et découvrons ce que la saison présente nous propose.* *
>
> *John Ortberg*

Lorsque nous réalisons l'importance aux yeux de Dieu de nos rôles ordinaires, nous nous rendons compte que nous sommes loin d'être semblables à Jésus. Pour être vraiment à la hauteur des exigences incessantes de notre monde, nous découvrons qu'il nous faut vivre en partenariat avec Dieu et le prier pour surmonter les défis quotidiens que nous rencontrons. Lui-même a prié le Père : « Fais qu'ils t'appartiennent entièrement ; rends-les saints par la vérité. La vérité, c'est ta Parole. Comme tu m'as envoyé dans le monde, moi aussi je les y envoie ».[15]

Au fur et à mesure que nous reconnaissons les richesses cachées de nos rôles actuels, nous ressentons paix et repos qui réduisent le stress. Plus nous croyons que notre aujourd'hui compte pour Dieu, moins nous languissons après l'eldorado de missions exaltantes. Nous pouvons laisser tomber tout ce que les autres voudraient nous voir faire et nous détendre en sachant que chacune de nos journées, voire de nos tâches, est inscrite en lieu sûr dans le cœur de Dieu. Tout en gardant les rêves que Dieu nous a donnés pour l'avenir, nous ne sommes plus sous la pression de forcer leur accomplissement immédiat !

---

*John Ortberg, *The Life You've Always Wanted*, Grand Rapids : Zondervan, 1997, 57.
[15] Jean 17 : 17-18

Parlons des rôles que tu assumes

Puisque nous saisissons un peu mieux l'importance de nos rôles quotidiens aux yeux de Dieu, considérons ceux que tu remplis actuellement. Ils sont certainement nombreux : fille, sœur, tante, nièce, cousine, épouse, mère, grand-mère, patronne, employée, amie, voisine, étudiante, bénévole et /ou membre d'église…Te rends-tu compte que chacun d'eux fait de toi une missionnaire ? Sachant qu'une missionnaire est une personne envoyée pour faire une œuvre religieuse ou caritative dans un certain lieu, tu l'accomplis actuellement dans ta maison, ton bureau, ton école, ton quartier…

> *Avez-vous identifié votre mission ? Elle se vit en bien des lieux : votre rôle en tant qu'épouse, mère, fille, voisine, employée, amie...**
>
> *Jane Kise, David Stark et Sandra Hirsh*

Tout ce que tu fais avec l'amour de Dieu exerce un impact sur ton environnement : une partie de football avec tes enfants, du bénévolat à l'école, ta candidature aux élections municipales, ta participation à une pièce de théâtre avec la troupe locale… Quelle évaluation fais-tu de ton rôle de missionnaire ? Y trouves-tu de la joie ? Par contre, si tu vois difficilement sa valeur, sache que nous sommes nombreuses dans ce cas !

Pendant mes années de mère au foyer, j'avais bien du mal à attribuer une valeur spirituelle ou un intérêt quelconque à mes activités. Lorsque j'emmenais mes enfants, et souvent toute une troupe de gamins du quartier, au zoo, au parc ou à la plage, j'avais l'impression que je ne faisais rien de valable. En lisant une histoire à mes enfants, en jouant à cache-cache avec eux ou en dessinant, je me sentais coupable de perdre mon temps. Quand j'organisais une fête pour leur anniversaire, que je les emmenais chez le dentiste, les accompagnais à l'école ou les aidais à faire leurs devoirs, je pensais que ce que je faisais importait peu puisque sa valeur ne pouvait pas se mesurer. Comme, à l'époque, je n'avais pas une vue d'ensemble, je me demandais parfois si ça valait la peine de travailler dur. À d'autres moments, je pensais que des efforts surhumains donneraient un sens à ma vie. Ma frustration m'amenait souvent à un examen personnel impitoyable de tout ce que je faisais.

> *Il viendra un moment où vous devrez expliquer à vos enfants pourquoi ils sont nés ; il est bon alors que vous le sachiez vous-même bien avant.* *
>
> *Hazel Scott, Pianiste*

Il m'a fallu de nombreuses années pour découvrir que mon investissement dans la vie de mes enfants a eu (et a encore) une réelle valeur. J'ai compris que leur éducation est non seulement de ma responsabilité, mais l'un des rôles que Dieu m'a confié. Savoir que prendre du temps avec mes enfants entre dans les desseins de Dieu me permet d'apprécier tranquillement le moment présent, que ce soit écouter ma fille chanter ou partager un repas avec mon fils et son épouse.

Si tu es maman, je t'encourage à être reconnaissante pour la belle vocation que Dieu te donne aujourd'hui. La maternité est une joie. Ne recherche pas les distractions. Plonge-toi plutôt dans les expériences d'aujourd'hui. Apprécie-les et tires-en le meilleur parti. Au temps approprié, Dieu te mènera plus loin et tu te rendras compte de l'importance des tâches ordinaires d'aujourd'hui dans l'ensemble des projets divins pour toi. Certes, les mamans ne sont pas les seules femmes qui se sentent frustrées ou qui ont l'impression de ne pas être à leur place dans leurs rôles actuels. Lori, par exemple, qui est célibataire, réussit brillamment en tant que responsable de la coordination de projets au sein d'une équipe créative de production. Douée de grandes capacités administratives, elle participe à des réunions de haut niveau dans l'entreprise. Pourtant, Lori se sent prise au piège et se demande si les rêves qu'elle fait pour sa vie ne vont pas s'éteindre. Dans son travail actuel, elle a souvent l'impression d'être seulement en train d'attendre son heure alors qu'elle aurait tant envie de travailler à plein temps auprès des personnes âgées de son quartier. Quels que soient tes rôles

* In The Quotable Woman : Witty, Poignant, and Insightful Observations from Notable Women, Philadelphia : Running Press, 1991, 72.

actuels dans la vie, je peux te certifier que le Seigneur s'en servira pour le bien dans l'avenir. Il m'a aidée à traverser des temps difficiles en tant que mère seule, femme d'affaires, dans ma carrière professionnelle… En fait, dans chacune de ces situations, Il me façonnait, même si, à l'époque, je n'arrivais pas à m'élever au-dessus de la routine épuisante et des listes interminables de « choses à faire » qu'exigeaient mes divers rôles.

Quand il est difficile de voir la finalité de ma routine

Savoir que Dieu a prévu beaucoup de mini-objectifs pour nos journées même les plus banales est une chose, le vivre en est une autre. Parfois, même si nous en sommes convaincues, nous finissons par nous laisser miner par la routine. Que faire alors ? Qu'est-ce que Dieu veut vraiment quand la vie semble ne plus avoir de sens ? Que penser quand le stress nous accable à tout bout de champ ?

Permettez-moi de continuer à vous raconter mon histoire. Il se peut que l'incertitude et la confusion que j'ai souvent connues à une époque particulièrement difficile fassent écho en vous. Mes ennuis commencent en 1990 quand mon ex-mari décède quelques jours après une nouvelle opération. La nouvelle me bouleverse et me laisse totalement désemparée. Rien dans ma vie n'a été aussi dur que de devoir annoncer à mes enfants que leur cher papa ne reviendrait plus. Assise dans le bureau du directeur de l'école pendant qu'il va chercher ma fille au cours élémentaire et mon fils au cours moyen, je me demande comment je vais leur exprimer ma profonde tristesse et leur faire sentir que je compatis à leur souffrance, alors que je n'ai pas vécu moi-même la perte d'un père. Je prends alors la décision d'attendre trois mois avant de me laisser aller à ma douleur, afin d'être plus disponible émotionnellement pour mes enfants.

Toutefois, plus tôt que je ne l'ai prévu et sans m'en demander l'autorisation, une dépression de gravité moyenne m'enveloppe peu à peu comme un nuage menaçant. Je lutte pour comprendre en quoi ces jours sombres peuvent mener à quelque chose. Finalement, un jour, je sais que je dois prendre les décisions appropriées pour continuer si je ne veux pas me laisser paralyser par la dépression. Un an exactement après le décès de mon ex-mari, je suis mise au chômage suite à la restructuration de l'entreprise où je travaille. Bien que la direction m'annonce la nouvelle avec beaucoup de tact pour ménager mes émotions, voici ce que j'entends dans ma stupeur : « Employée fidèle, vous êtes renvoyée ! Rentrez chez vous ! Voici votre chèque de cessation d'activité et le numéro de téléphone de votre nouvelle amie, votre conseillère en reconversion externe. » Folle de rage, j'ai envie de rétorquer : « Je partirai quand je le voudrai bien » !

> *Reconnaissez votre douleur et vos sentiments jusqu'à ce qu'ils s'effacent. Il n'existe pas de formule toute faite.**
>
> *Stanlee Phelps,*
> *Conseillère en reconversion*

Étant seule pour élever mes enfants depuis le décès de mon ex-mari, je vis très mal la perte de mon emploi. En plus, quelques mois auparavant, j'ai fait l'erreur d'acheter une nouvelle maison avant d'avoir vendu l'ancienne. D'une part, je pensais la vendre rapidement, d'autre part, je ne m'attendais pas à être convoquée par le département des ressources humaines ! Malheureusement, je n'ai pas le recours de rendre la maison au service après-vente en disant que j'en ai déjà une ! La perte de mon emploi réveille en moi les questions qui me troublent quant au sens de ma vie.

De plus, mon amour-propre en prend un coup. Cadre en relations publiques, je gagne ma vie en menant la « grande vie ». Une longue journée de travail, cela peut être : approuver la mise en page du rapport annuel des actionnaires, partir en hélicoptère avec le PDG pour un déjeuner avec les cadres supérieurs de la société, être hôtesse auprès de nos actionnaires invités au spectacle qui leur est offert ce soir-là. En plus, la suppression de mon emploi survient dix-huit jours avant Noël, date de l'anniversaire du bombardement de Pearl Harbour. J'ai l'impression que

---

* Conversation avec l'auteur en mars 1992.

mon petit îlot professionnel est bombardé, alors que je suis sensée souhaiter « Joyeux Noël » à mes enfants. Si tu as vécu des malheurs similaires, tu te souviens qu'on a l'impression qu'on n'en verra jamais la fin. Même si on sait que les circonstances finiront par changer, on a du mal à y croire et encore plus à en voir le but ou le sens pendant qu'on est dans l'épreuve. Au cours des quatorze mois où je suis sans emploi, la monotonie interminable des travaux ménagers me tape sur les nerfs. Je suis d'accord avec la comique Phyllis Diller quand elle dit : « Faire le ménage pendant que tes gamins grandissent, c'est comme déblayer ton allée avant qu'il s'arrête de neiger ! » Je pense : « A quoi bon ? Je veux que ma vie serve à quelque chose ! »

En rétrospective

Plusieurs années après, alors que je me trouvais dans une période relativement stable, j'ai pu réfléchir plus calmement aux desseins de Dieu dans chacune de mes situations complexes. De même que les morceaux d'un puzzle étalés sur une table, les véritables buts de ma vie m'apparaissaient encore flous, mais je pouvais les imaginer se dessiner comme l'image d'un puzzle sur la boîte. Je reprenais espoir, assurée que Dieu avait de bons projets pour moi.

En faisant la rétrospective de cette période de vingt ans, dont je viens de vous donner un aperçu, je me rends compte que Dieu avait pour moi plusieurs objectifs très importants : que je Le connaisse mieux, que j'apprenne que j'ai de la valeur non pour ce que je fais mais pour ce que je suis, et que je remplisse bien tous les divers rôles qu'Il m'avait confiés.

Je n'aurais jamais pensé que Dieu ait prévu des objectifs spécifiques à mes divers rôles et à chacun des événements de ma vie. Je n'aurais jamais imaginé que mes pénibles expériences me donnaient les éléments constitutifs de mon projet de vie. Dieu gravait dans mon caractère les traits indispensables de l'humilité, de la fidélité, de la patience et de la bienveillance. Toutes ces années de développement personnel me préparaient à transmettre aux autres l'espoir que Dieu m'avait prodigué pour m'en sortir. À cette époque-là, étais-je vraiment prête à entendre Dieu me parler d'une mission d'envergure ?

Je me croyais prête, mais je ne l'étais pas. Je sais maintenant que la vie apporte souvent de grands défis, rarement des joies délirantes et fréquemment des peurs. Je suis reconnaissante que Dieu ne gaspille aucune de nos souffrances, mais qu'Il s'en serve à préparer notre cœur, nos pensées, notre âme et notre corps pour vivre un projet de vie Lui rendant gloire. J'ai aspiré à connaître la bénédiction dont parle le prophète Jérémie :

> *Celui qui met sa confiance en Moi et qui s'appuie sur Moi, Moi, le Seigneur, Je le bénis. Il ressemble à un arbre planté au bord de l'eau, qui étend ses racines vers une rivière. Quand la chaleur arrive, il n'a peur de rien, ses feuilles restent toujours vertes. Même une année de sécheresse ne l'inquiète pas, il porte toujours des fruits.*[18]

Dieu s'est servi de mes souffrances, de ma dépression et de ma perte d'emploi pour que j'exprime de la compassion envers les femmes rongées par le désespoir chronique, abêties par une routine sans fin ou écrasées par des malheurs épouvantables. Aujourd'hui, je les encourage à discerner leur valeur, leur projet de vie et leurs priorités. Je me sens tellement privilégiée en les aidant à s'épargner souffrances et pertes de temps. Dieu seul pouvait tirer tant de significations de mon douloureux passé. Je crois que, même au milieu de la routine quotidienne, Dieu nous donne de petits clins d'œil sur l'appel qu'Il a pour nous.

Écoute les instructions de Dieu chaque jour, que tu sois veuve, grand-mère, serveuse, divorcée, scientifique engagée dans la recherche contre le cancer, missionnaire mal payée, hôtesse de l'air en retraite, étudiante en déprime ou fonctionnaire célibataire. Tu préfèrerais peut-être qu'Il inscrive sur ton front tous les buts qu'Il a pour toi, mais Il a choisi un autre processus dans lequel tu es partie prenante. Il désire premièrement

---

[18] Jérémie 17 : 7-8

que tu te laisses guider par l'Esprit,[19] puis que tu développes chacune de tes capacités.[20] Dieu t'a déjà bénie de compétences, d'aptitudes et de talents naturels et même de dons spirituels. Alors enseigne, dirige, cuisine, dessine, chante, bâtis, analyse, fais des recherches, organise, écris… Il va créer des situations où tu pourras les utiliser pour ton développement personnel et Sa gloire.[21]

> *C'est comme un homme qui part en voyage : il a laissé sa maison, confié à ses serviteurs l'autorité, à chacun sa tâche.*
>
> *Marc 13 : 34*

Tes rôles quotidiens t'offrent des occasions inespérées d'employer tous tes dons, naturels comme spirituels, afin d'amener ta famille, tes amis et tes voisins à connaître Jésus et à Lui ressembler. Quand tu consacres ton cœur et tes dons, tu vas te surprendre à dire : « La vie est belle. Je n'ai jamais été aussi comblée. Merci, mon Dieu, de m'avoir donné des rôles aussi importants. Comment ai-je trouvé tant de faveur auprès de toi ? »

Quelques femmes de la Bible qui ont accompli leur destinée

En lisant l'histoire des femmes de la Bible qui ont réalisé des missions extraordinaires, je me demandais si elles en étaient conscientes. Je suis maintenant convaincue qu'elles accomplissaient simplement leurs rôles en obéissant à Dieu dans leurs tâches quotidiennes là où elles vivaient : chez elles, au travail, dans l'assemblée…

[19] Galates 5 : 25
[20] 1 Pierre 4 : 10
[21] Romains 12 : 6

- Rahab, la prostituée, accueille deux espions hébreux à Jéricho.[22]
- Déborah mène son peuple à la libération.[23]
- Ruth devient ancêtre de Jésus.[24]
- Anne est la mère du grand prophète Samuel.[25]
- Abigaïl fait changer les intentions du roi David.[26]
- La Sunamite offre l'hospitalité au prophète Élie.[27]
- Élisabeth est la mère de Jean-Baptiste, prédécesseur de Jésus.[28]
- Anne, prophétesse, premier témoin du Messie auprès des Juifs.[29]
- La Samaritaine devient la première évangéliste.[30]
- Jeanne fait partie des compagnes de voyage de Jésus.[31]
- Suzanne apporte son soutien financier à Jésus et ses disciples.[32]
- Marie de Béthanie est honorée par le Messie.[33]
- Marie de Magdala est la dernière à la Croix,[34] la première au tombeau[35] et la première à proclamer la résurrection.[36]
- Lydie, commerçante est la première convertie d'Europe et accueille les missionnaires Paul et Silas.[37]
- Dorcas, simple couturière, conduit une assemblée.[38]
- Phoebé est ministre d'église.[39]
- Prisca est collaboratrice de l'apôtre Paul.[40]

---

[22] Hébreux 11 : 31
[23] Juges 4-5
[24] Ruth 1-4
[25] 1 Samuel 1 : 20
[26] 1 Samuel 25 : 32-35
[27] 2 Rois 4 : 8-10
[28] Luc 1 : 57
[29] Luc 2 : 36-38
[30] Jean 4 : 28-29
[31] Luc 8 : 1-3
[32] Luc 8 : 1-3
[33] Matthieu 26 : 13
[34] Marc 15 : 40-47
[35] Jean 20 : 1
[36] Matthieu 28 : 1-10
[37] Actes 16 : 13-14
[38] Actes 9 : 36
[39] Romains 16 : 1-2
[40] Romains 16 : 3

Conseils de ta coach pour faire ce qui est important aujourd'hui

Pour accomplir ce qui est important aujourd'hui et ainsi d'aller de l'avant dans la découverte de ta destinée, prends tout le temps dont tu as besoin pour faire les exercices ci-dessous. Résiste à la tentation de prendre des raccourcis qui ne mènent qu'à des impasses !

Donne un ordre de priorité à tes rôles

Découvrir le sens de notre vie est difficile tant que nous ne sommes pas au clair dans nos priorités. Prends le temps de définir tes principaux rôles, puis attribue-leur un ordre de priorité dans tes pensées, dans ton cœur et dans ton emploi du temps. Prends l'engagement aujourd'hui de t'en tenir à cet ordre dans la mesure du possible.

Je classe mes différents rôles par ordre d'importance décroissante :

- celui qui a la 1ère place :
- celui qui a la 2ème place :
- celui qui a la 3ème place :
- celui qui a la 4ème place :

Prends soin de toi

Si tu veux aller loin pour Dieu, il te faut prendre soin de ton corps, *le temple physique* dans lequel tu habites.[41] Pose-toi les questions suivantes : Est-ce que je fais de l'exercice ? Est-ce que je mange de façon saine ? Est-ce que je prends assez de repos ? Est-ce que je bois assez d'eau ? Est-ce que je prends des « pauses-détente » ? Si tes réponses sont négatives, choisis 3 points que tu vas améliorer pendant les 30 jours à venir.

---

[41] 1 Corinthiens 3 : 16 ; 6 : 19

Ne panique pas

La vie n'est pas toujours juste. Nous vivons dans un monde déchu. Les moments difficiles sont inévitables. Mais ne panique pas ! Même les desseins élevés de Dieu sont parfois extrêmement difficiles ou absolument épuisants. Réfléchis un instant. Peut-il y avoir pour une femme un but plus élevé que celui de s'occuper d'un membre de sa famille en phase terminale d'une maladie ? Pourtant, beaucoup de tristesse accompagne l'accomplissement de ce rôle exigeant. Quels que soient les rôles que tu remplis, les difficultés que tu rencontres, je t'en prie, réalise que Dieu ne t'abandonnera pas. Il est là tout près de toi. Appuie-toi sur Lui pour qu'Il t'aide à traverser cette épreuve. Quel rôle ou quel devoir provoque ta panique ? Comment peux-tu dépendre de Dieu pour qu'Il soit ta force dans cette situation ?

Saisis les occasions

Ne rate pas la caravane de la vie qui défile au quotidien, parce que tu as tellement hâte de voir le chapiteau du cirque et le spectacle magique ! Quels « défilés » as-tu tendance à rater ? Réfléchis à ce que tu peux faire pour saisir les occasions qui se présentent aujourd'hui.

C'est maintenant le temps de faire ce qui est important aujourd'hui

Dieu ne cherche pas à te cacher Sa volonté, mais Il veut se servir de ce qu'Il a prévu pour toi aujourd'hui afin de te préparer pour demain. C'est ta responsabilité de remplir consciencieusement tes rôles et de repérer les panneaux de signalisation qu'Il a placés en des lieux stratégiques pour t'indiquer ton chemin. Il désire te révéler Son projet de vie pendant que tu lis, médites et étudies Sa Parole, que tu pries, que tu écoutes des prédications et que tu parles avec des chrétiens. Il est prêt à te guider pas à pas sur le chemin qu'Il a prévu pour toi à condition que tu prennes le temps de rechercher Son conseil. Veux-tu faire ce pas en direction de

Dieu et de Son plan pour ta vie ? Veux-tu *faire aujourd'hui ce pour quoi Il t'a envoyée dans le monde ?* Sache que certaines personnes ne se rendront compte qu'elles ont participé à un miracle qu'avec le recul. Elles ne connaîtront le rôle qu'elles ont joué dans l'histoire que par la suite. Je ne sais pas pourquoi Dieu organise ce genre de missions cachées. Ce n'est pas la règle générale, mais cela arrive.

Toutefois, si tu fais partie de cette majorité de personnes qui sont fidèles dans l'accomplissement de leurs rôles jour après jour, il arrivera un jour où Dieu te communiquera sa vision ultime pour ta vie : un coup de téléphone, un mail, une rencontre… Quand Il décidera d'élargir tes rôles quotidiens actuels ou de t'ouvrir les yeux sur une vision de plus grande portée, tu en auras de grands battements de cœur ! Mais ne t'inquiète pas ! Tu n'as pas besoin d'appeler le SAMU, c'est la réaction normale face aux pas gigantesques nécessaires que tu devras faire pour aller de l'avant.

Éclairage biblique

LE CHOIX DE VIE DE LYDIE :
FAIRE AUJOURD'HUI CE POUR QUOI DIEU T'A ENVOYÉE DANS LE MONDE

Laissons-nous interpeller par Lydie - Actes 16 : 11-15, 40

Femme d'affaires, elle est connue pour ses tissus teints en pourpre qu'elle vend partout, même aux familles royales. De plus, elle aime adorer Dieu. Après avoir entendu Paul prêcher, elle demande à être baptisée et devient la première chrétienne d'Europe ! Puis, elle ouvre sa maison à Paul et aux nouveaux disciples de Jésus en ce lieu.

As-tu accompli tes tâches quotidiennes comme Lydie, que ce soit chez toi, dans ta profession, dans ton église ou dans toute autre situation ?

LIVRES POUR APPROFONDIR

Pacot Simone - ***Reviens à la vie***

Lubich Chiara - ***Vivre l'instant présent***

Sion Victor - ***La grâce de l'instant présent***

Questions personnelles pour progresser

1. Tu remplis de nombreux rôles parmi tes proches et dans ta sphère d'influence. Décris brièvement et de façon originale qui tu es dans quelques-uns de tes rôles. Pour te donner un exemple, j'ai rédigé un paragraphe à mon sujet au moment de la rédaction de ce livre. Amuse-toi bien ! Qui suis-je ?

Chrétienne en croissance qui a ses bons et ses mauvais jours. En tant que fille, j'apprends à tisser des liens avec mon père depuis le décès de maman. J'entretiens de bonnes relations avec mes sept frères et sœurs. Équipière fiable et combattante dans la prière. Je suis la tante de vingt neveux et nièces adorables que je voudrais garder à l'âge qu'ils ont ! La meilleure amie de quelques femmes. Plutôt introvertie, j'ai besoin de trouver l'équilibre entre les relations et la solitude. Voisine discrète. Nageuse, étudiante en doctorat.

Entreprenante en affaires, je suis fière d'avoir échoué une demi-douzaine de fois. Ex-épouse qui a fait amende honorable auprès de son 'ex'. Membre de l'équipe pastorale d'une église, auteur et oratrice. Mère seule et belle-mère heureuse de n'être pas encore grand-mère ! Mais je ne suis ni cuisinière, ni jardinière, ni décoratrice d'intérieur ! Et je ne prends pas de risques en disant que je ne suis plus championne de marathon !

2. Mets par écrit tes autres « titres » ! Sois créative ! Voici quelques exemples pour montrer combien nos rôles sont variés : directrice des finances familiales, chargée de la logistique, gendarme de la télévision, gardienne de l'héritage familial et des traditions, cuisinière en chef, technicienne des sols, urgentiste.

3. Qu'est-ce qui te surprend ou t'impressionne en réalisant le nombre de rôles que tu essaies de remplir ?

Chapitre 3

Aime comme Dieu aime

Je vous donne une directive nouvelle : Aimez-vous les uns les autres. Oui, tel est mon commandement : Comme je vous ai aimés, aimez-vous les uns les autres. La marque par laquelle tous les hommes pourront reconnaître si vous êtes mes vrais disciples, c'est l'amour que vous aurez les uns pour les autres.

Jean 13 : 34-35

La pierre suivante « *Aime comme Dieu aime* » est fort ancienne, très fréquentée et te paraîtra probablement plus attrayante que la précédente. Quiconque veut suivre Dieu fidèlement et accomplir son projet de vie y parvient un jour ou l'autre et y trouve un ferme appui, avant d'aller plus loin. Il n'y a pas d'autre possibilité pour traverser le cours d'eau.

Plusieurs femmes seraient tentées d'éviter cette étape, soit parce que, tournées vers les autres, elles la trouvent relativement facile et veulent avancer prématurément, soit au contraire parce qu'elles n'ont pas envie d'apprendre à aimer. Toutefois, quelle que soit ta personnalité, je te conseille de t'attarder sur cette pierre aussi longtemps qu'il te faudra. Aimer les autres comme Dieu t'aime fait partie des buts fondamentaux de la vie. Il vaut mieux t'assurer que cet amour est en connexion permanente avec ton cœur et tes pensées, car vivre et prodiguer l'amour est crucial pour tous les autres buts que Dieu a prévus pour toi.

Réfléchissons un instant. Peut-on imaginer que Dieu voudrait que nous servions les autres dans notre projet de vie sans les aimer ? Comment serait-il possible de ressembler de plus en plus à Jésus si nous n'apprenons pas à aimer ? Ne nous hâtons pas ! Il vaut la peine de nous investir dans l'apprentissage de l'amour. Je dois vous avouer, à ma grande honte, que je suis restée six ans sur cette pierre ! Pendant tout ce temps-là, je demandais sans cesse à Dieu de m'aider à avoir de bons sentiments envers les autres, mais les années passaient et rien ne changeait. En fait, comme vous allez le découvrir, je ne savais pas vraiment ce que signifiait aimer les autres. Heureusement, Dieu ne m'a pas laissée dans mon ignorance : il a exaucé ma prière et aujourd'hui encore, il me donne d'aimer passionnément toutes sortes de personnes.

La leçon que nous ne cessons jamais d'apprendre

Si nous voulons faire cet apprentissage, il est nécessaire de mieux définir l'amour selon Dieu. Comment Jésus aimait-Il ? Comment pouvons-nous L'imiter ? Cet amour qu'Il nous appelle à partager consiste-t-il à avoir des relations de cœur à cœur avec les autres, à apprécier leur compagnie ? Est-il synonyme d'embrassades chaleureuses ou de bons moments passés ensemble ? Même si nous pouvons jouir de ces expériences gratifiantes dans nos relations amicales, les avantages émotionnels de l'amitié et de l'amour ne sont ni le but, ni l'essence de l'amour selon Dieu.

Jésus résume ainsi le fondement de l'amour : *« Comme le Père M'a aimé, Moi aussi Je les ai aimés... Mon commandement est ceci : Aimez-vous les uns les autres comme Je vous ai aimés. Il n'y a pas de plus grand amour que de donner sa vie pour ses amis.*[42] *»* Ensuite Jésus fait exactement ce qu'Il dit : Il donne sa vie pour nous. Il donne tout ce qu'Il est, tout ce qu'Il a, pour accomplir une seule chose : nous ouvrir la voie afin que nous puissions passer l'éternité avec Dieu. Aimer signifie se donner soi-même, s'investir entièrement pour assurer aux autres leur

[42] Jean 15 : 9a ; 12-13

bien-être quotidien et éternel. Quel programme ! Peux-tu y répondre sans te demander si tu es à la hauteur pour le réaliser ?

N'oublions pas que Jésus ne nous fait pas une gentille proposition mais qu'il nous donne ce qu'il appelle un *commandement* nouveau.[43] Notre amour pour les autres, dit Jésus, est une marque manifeste de l'amour de Dieu, un message indéniable au monde qui nous entoure, le signe évident de notre engagement envers Lui.

> *En rétrospective, vous découvrirez que les moments où vous avez vraiment goûté à la vie sont ceux où vous avez agi dans l'amour.*
>
> *Henri Drummond,*
> *Évangéliste au XIXème*

Même si nos relations sont déjà saines et empreintes d'amour, nous avons encore beaucoup à apprendre de l'amour exemplaire de Jésus. Nous sommes appelées à grandir dans notre compréhension de son amour inconditionnel et illimité. Le manifester dans chacune de nos relations et de nos situations quotidiennes est à la fois un défi et un honneur.

En apprenant à aimer les autres, nous prenons un remède efficace contre la maladie que mon amie appelle *la fièvre de l'arrivée*. Cette affection dont beaucoup d'entre nous sont atteintes se décline en une préoccupation excessive pour notre destination qui nous empêche de jouir du voyage. Trop nombreuses sont celles qui, préoccupées par leur projet de vie, n'apprécient pas la compagnie des autres, les joies de l'amour et du moment présent.

Comment commencer cet apprentissage de l'amour ? Faire l'état des lieux est un bon point de départ. Nous allons donc procéder à un examen sérieux de notre cœur et évaluer notre capacité à aimer les autres. Est-ce que tu te surprends à grommeler : « Tirez-vous, sinon, j'explose ! » ? ou à calculer : « Si j'arrive à la supporter, j'en obtiendrai ce que je veux. »

[43] Jean 13 : 34-35

Ou bien en fin de journée, te félicites-tu de t'être investie dans une relation difficile en pensant qu'avec le temps tu en tireras quelque avantage ? Si tu te reconnais dans ces pensées ou ces ressentis, Dieu veut probablement te faire une greffe de cœur !

Deux cas de personnes peu prédisposées à l'amour

Je suis tout à fait consciente de la nécessité absolue d'une greffe divine parce qu'il m'en a fallu une ! Aimer les autres n'était facile, ni pour moi, ni pour ma voisine Margie, dont je vais vous parler. Bien que croyante pratiquante, Margie n'a aucune estime pour les personnes qu'elle a sous ses ordres en tant que cadre de l'entreprise où elle travaille. Sa façon d'opérer se résume à leur dire : « Concentrez-vous et produisez ! » Elle ne se soucie que d'obtenir des résultats et n'a pas de temps à perdre à entretenir des relations ou à consulter un comité. De plus, elle a l'approbation de son chef : « Avec toi, dit-il, on ne plaisante pas, tu sais mettre les autres au boulot. » Tant qu'elle obtient des résultats et reçoit des compliments, elle n'a pas besoin de se montrer aimable.

Mais un jour, un nouveau chef arrive. Après un temps d'observation et d'écoute des équipiers, il rédige sur Margie un rapport qui entraîne une baisse conséquente de ses primes et de son avancement annuel. Consternée, Margie se remet en question ; elle constate l'échec de sa devise : « Les gens sont bons pour ce qu'on peut en tirer » et sa propre justice s'effondre. Mais comment doit-elle changer ?

Motivée par le maintien de son emploi et de son salaire, elle demande à Dieu de l'aider dans une simple prière et commence à réfléchir sur l'esprit d'équipe et sur le genre de personne qu'il faudrait qu'elle soit. Ses réflexions la conduisent à comprendre l'importance de la valeur de chacun et du travail en équipe comme une aventure à partager avec enthousiasme. Si l'idée lui paraît juste, elle ne voit pas comment s'y prendre.

Cependant, Dieu est à l'œuvre. Quand Margie, quelques jours plus tard, entend prêcher que nous devons aimer parce que Jésus nous a aimés le premier,[44] elle est profondément bouleversée. Elle réalise que sa vie doit refléter l'amour de Jésus afin que d'autres soient attirés à Lui. Immédiatement après cette prise de conscience, elle reçoit comme une grâce, une effusion de l'amour de Jésus telle qu'elle n'en a jamais connue jusque là. Son cœur est changé. Puisant à cette source jaillissante de l'amour de Dieu, elle s'investit petit à petit dans la vie des personnes de son entourage, ce qu'elle n'a jamais fait auparavant. Elle est étonnée de constater qu'elle commence à aimer quelques personnes voire à se lier d'amitié avec certaines.

> *Aimer, c'est entrevoir le ciel.*
>
> *Karen Sunde, Auteur dramatique*

Dorénavant, elle considère les graphistes, les auteurs de scripts et les équipes de tournages comme des êtres humains de valeur dont l'âme est éternelle. Les entretiens avec les candidats et l'accueil des nouveaux équipiers lui donnent de la joie. Pour la première fois de sa vie, elle voit dans chaque projet un moyen de créer des relations d'amitié et d'entraide, plutôt que de voir dans les personnes des pions pour atteindre ses objectifs !

Le défi de l'amour se décline pour moi de façon différente. Depuis bien des années, je campe sur cette pierre sachant que Dieu veut que j'aime les autres. Si j'en ai le désir, je trouve néanmoins cet amour difficile parce que ces personnes vivent sous mon toit, et je ne parle pas de mes enfants !

Depuis le décès de mon mari et la perte de mon emploi, je travaille à domicile pour une entreprise de vêtements de sport et je loge trois lycéens étrangers, afin d'élever mes deux enfants et de rembourser mes crédits. Mes difficultés pour aimer s'expliquent. De caractère introverti, je reste sur mes gardes et prends plus de temps que certaines personnes plus extraverties pour nouer des relations en dehors de ma famille ou de

---

[44] 1 Jean 4 : 19

mes amis proches. En plus, mes problèmes d'autorité à la maison sont pour moi les preuves que je dois bien poser des limites.

Comme je suis perfectionniste, j'exige que ma maison soit impeccable et que toutes mes instructions soient suivies à la lettre, ce qui laisse peu de place à l'amour « à la Jésus » ! À ma grande honte, je vous avoue que ma façon autoritaire de diriger me vaut le surnom de *Capitaine* à l'instar du célèbre Capitaine Von Trapp du film *La Mélodie du Bonheur*, avec, toutefois, une différence : ses règlements paraissent modérés en comparaison des miens et si je n'use pas d'un sifflet, ma voix perçante le remplace bien pour imposer, sans aucun scrupule, l'obéissance absolue !

Je vous en donne un aperçu ! Chacun des résidents de ma maison, y compris mes enfants, reçoit vaisselle et couverts de couleur différente marqués à son nom. Selon le règlement qui ne souffre aucune dérogation, ne sont autorisés à venir à table que ceux qui ont lavé leur vaisselle et leurs couverts. D'autres règles tout aussi douces suivent :

- Celui qui ne rabaisse pas le couvercle du WC devra le nettoyer.
- Celui qui ne fait pas sa lessive n'aura pas de linge propre.
- Celui qui ne prépare pas ses sandwiches n'aura rien à manger.
- Celui qui ne range pas ses chaussures ne les trouvera pas.
- Celui qui ne fait pas sonner son réveil n'aura pas de mot d'excuse pour son retard.

> *Je ne ressens aucun épanouissement à rabattre des couvercles de WC toute la journée.*
>
> *Emma Bombeck*

Avant de t'écrier : « C'est quand ton prochain séminaire sur l'éducation des enfants ? », examine l'état de mon cœur. Même si mes règlements s'avèrent efficaces, j'ai absolument besoin de changer de comportement. Je ne sais pas faire la différence entre une explication calme à des enfants et adolescents sur les conséquences de leur comportement incorrect et un exercice rigide de l'autorité. Heureusement, Dieu m'enseigne une leçon sur l'amour en permettant que je sois aimée précisément par ceux à qui je n'ai pas su l'exprimer.

Clouée au lit pendant une semaine par une pneumonie, je dépends de la gentillesse de mes enfants et de mes pensionnaires et je comprends enfin que le respect de certaines règles de vie ne doit pas se faire au détriment de l'amour. Dieu veut, non que j'écrase ces jeunes par ma dureté et mes exigences mais que, par son amour et sa grâce, je les aide à grandir. À partir de ce moment-là, je change ma façon de prier pour ce problème et m'accroche à cette promesse divine : *« Je vous donnerai un nouveau cœur – je vous donnerai des désirs nouveaux et bons – et je mettrai en vous un esprit nouveau. J'enlèverai votre cœur de péché dur comme une pierre et je vous donnerai un nouveau cœur d'amour ».*[45]

> *Recherchez la paix avec tous, et la sanctification sans laquelle personne ne verra Dieu. Veillez à ce que personne ne vienne à se soustraire à la grâce de Dieu ; qu'aucune racine amère ne se mette à pousser, à causer du trouble et à infecter ainsi la communauté.*
>
> *Hébreux 12 : 14-15*

À la maison, le ton caustique de ma voix et ma mentalité de sergent militaire disparaissent peu à peu. Je laisse derrière moi mon utopie inaccessible d'une maison impeccable, j'entre dans un monde plus réel avec ses imperfections. Je découvre une liberté dont je ne soupçonnais pas l'existence. Je reçois la capacité d'aimer comme un cadeau de Dieu, un miracle des temps modernes pour lequel je Lui serai éternellement reconnaissante. Au niveau plus profond de compréhension où Dieu me conduit, je saisis qu'en me demandant d'aimer les autres comme Lui m'aime, Il s'attend à ce que j'entre dans la spécificité de Son appel pour moi.

Quand je réalise que mes locataires lycéens ne connaissent pas Jésus et que je serai peut-être la seule représentation de Lui qu'ils verront personnellement, je comprends que je dois en priorité devenir un

[45] Ézéchiel 36 : 26

exemple de l'amour de Dieu. À mon grand regret, j'avoue avoir raté l'occasion avec deux d'entre eux.

À cette époque, Dieu me conduit à faire partie d'un cercle d'études bibliques pour femmes où je fais la connaissance de Chaundel Holladay qui touche ma vie par son amour inconditionnel à mon égard. En s'intéressant à moi, non seulement dans ma vie de chrétienne mais dans toute ma personnalité, par son écoute attentive et ses encouragements, elle a été le modèle de ce que Dieu voulait que j'apprenne : aimer de l'amour de Jésus.

Grâce aux amitiés irremplaçables que je me suis faites dans ce cercle d'études de la Bible avec Chaundel et dans des groupes semblables, je comprends mieux le sage conseil de George Washington Carver. Il recommande d'être tendre envers les jeunes, compatissant envers les vieux et tolérant envers les faibles, parce qu'à un moment ou l'autre de notre vie, nous serons dans l'une ou l'autre de ces catégories !

Si tu es d'un naturel sociable ou extraverti, tu comprends probablement mal les difficultés que Margie et moi avons dû surmonter pour ouvrir notre cœur à l'amour. Je t'invite à remercier Dieu pour le don qu'Il t'a fait de sympathiser avec les autres. De toute façon, quel que soit notre état quand nous abordons cette étape, nous avons toutes et tous besoin de grandir dans l'amour pour qu'il soit de plus en plus semblable à celui de Jésus.

Conseils de ta coach pour aimer comme Dieu aime

Pour grandir dans l'amour de Jésus et l'exprimer dans tes relations, prends tout le temps dont tu as besoin pour faire les exercices ci-dessous.

Prends note de tes actes d'amour

Pendant une semaine, prends note de tout acte affectueux qui a un impact dans la vie de quelqu'un. Cet exercice va te faire prendre davantage conscience que tu es en train d'accomplir l'un des buts essentiels de ta vie quand tu choisis d'aimer. Si tu n'as rien à noter, n'engage pas un détective pour qu'il te suive partout au cas où tu aurais raté quelque chose ! Mets-toi plutôt à rechercher les occasions d'aimer les autres dans ta vie de tous les jours.

Mets-toi en contact avec d'autres personnes croyantes

Que ce soit dans un groupe biblique de maison ou un cercle d'étude biblique, fais-toi des amies. Tu seras surprise et bénie de constater que ces amitiés sont profondes et durables !

Pardonne

Pardonne à quelqu'un aujourd'hui. Ne remets pas à plus tard. Cesse d'analyser les « pour » et les « contre ». Demande à Dieu ce don du pardon, au moment où tu dois le faire, comment l'exprimer et fais-le ! Pardonne en l'honneur du pardon que Dieu t'a accordé. Si tu dois te pardonner à toi-même, le conseil est le même : fais-le *maintenant !*

Développe de nouvelles habitudes relationnelles

Repère les lieux de rencontres qui existent déjà autour de toi : associations, clubs, églises, cercles d'études, salons de thé… Fréquente ceux qui te conviennent, investis-toi dans quelques relations et aime comme Jésus aime.

Même les situations difficiles peuvent t'offrir des opportunités pour semer de l'amour et développer de nouvelles habitudes relationnelles.

Par exemple :

- Au chômage, rejoints un groupe de travail en réseau.
- En période de deuil, accepte l'aide d'une conseillère pour le traverser ; laisse-toi inviter ou fais quelques sorties avec d'autres.
- Suite à une fausse couche, permets à celles qui ont vécu cette souffrance de t'aider.
- En lutte contre une dépendance (cigarette, jeux d'argent, alcool, drogue, nourriture), rejoins un groupe de soutien.
- Dans les difficultés financières, familiales ou professionnelles, recherche l'aide d'un ou d'une mentor.
- En crise, adresse-toi à un coach existentiel et spirituel.[46]

Tu peux aussi t'appliquer à faire de nouvelles connaissances en créant toi-même un groupe qui réponde à tes besoins. Tu peux peut-être fonder une association.

Dans tous les cas, dis à Dieu que tu es prêt/e à ouvrir ton cœur et à courir le risque de la crainte et de la vulnérabilité. Au sein de ces nouvelles relations, pleines de rires et de pleurs, Il t'incitera à des attitudes et des actions porteuses pour ton projet de vie. Demande-Lui de t'emmener dans de nouvelles dimensions de relations et d'amour.

---

[46] Voir le site **cepsi-pleroma.org** du Centre représentant le ministère de Katie Brazelton (Life Purpose Coaching Centers, International®) en France, Suisse, Belgique et pays francophones.

Prie pour les cas difficiles

Certaines personnes sont difficiles à aimer, d'autres ne nous aiment pas et même nous maltraitent. Souviens-toi que les buts de l'amour ne sont pas d'avoir seulement des sentiments chaleureux et des joies émotionnelles avec les autres, mais aussi d'avoir à cœur leur relation éternelle avec Dieu. Demande à Dieu de t'aider à les aimer et à les bénir.

Un conseil de prudence. Dans les situations extrêmes suivantes : violence, haine, abus, viol, inceste, co-dépendance, abandon, sectarisme, prie Dieu pour qu'Il aligne ta façon de voir avec la sienne. Il ne faut pas prendre à la légère les dangers émotionnels, physiques et spirituels engendrés par ces problèmes. Si c'est ton cas, je te conseille vivement de te faire aider rapidement par des gens compétents et ayant une expérience en la matière.

C'est maintenant le temps d'aimer comme Dieu aime

Veux-tu faire ce pas : *aimer comme Dieu aime ?* Recherches-tu chaque jour de nouvelles opportunités d'exprimer ton amour ? As-tu ouvert ton cœur à Jésus jusqu'au point d'aimer toutes sortes de gens ?

La Bible dit : *« Quand je parlerais en langues, celle des hommes et celle des anges, s'il me manque l'amour, je suis un métal qui résonne, une cymbale retentissante ».*[47]

Les termes employés dans ce verset ne laissent aucun doute quant à la volonté de Dieu pour notre vie. Veux-tu être cette personne déterminée à avoir de saines relations d'amour ? Alors engage-toi dans cette étape décisive aujourd'hui.

---

[47] 1 Corinthiens 13 : 1

Éclairage biblique

LE CHOIX DE VIE DE « RUTH » :
AIMER COMME DIEU AIME

Laissons-nous interpeller par Ruth - Le livre de Ruth

Ruth fait preuve d'un grand attachement envers sa belle-mère Naomi et son histoire nous parle d'amour, de loyauté, de bonté et de fidélité.

Quelle est la force de ton amour pour ta famille et ta famille élargie ? Les aimes-tu *tous* ? Demande à Dieu de te révéler une relation spécifique dans laquelle Il voudrait que tu investisses plus d'amour, plus de temps, plus d'énergie, et/ou plus d'argent.

LIVRES POUR APPROFONDIR

Vanier Jean - ***Aimer jusqu'au bout***

Salomon Paule - ***La brûlante lumière de l'Amour***

Basset Lytta - ***Le pouvoir de pardonner***

Basset Lytta – ***Aimer sans dévorer***

Questions personnelles pour progresser

1. Dans quelle mesure as-tu réussi récemment à obéir au commandement de Dieu de « nous aimer les uns les autres » ?

2. Avec qui as-tu actuellement de saines relations d'amour ?

3. Avec qui as-tu actuellement des relations malsaines, celles qui t'éloignent de Dieu ou t'inspirent des pensées ou des actions néfastes ?

4. De qui dois-tu te séparer ? Recherche le conseil de Dieu dans la prière.

5. Quelles relations dois-tu approfondir ? Prie pour cela.

Chapitre 4

Poursuis la paix

Recherche la paix et poursuis-la !
Psaume 34 : 14

Arrêtons-nous un instant et jetons un regard sur ta progression. Tout au début, après avoir pris la décision d'*oublier ce qui est en arrière pour avancer vers le but*, tu as pu aller de l'avant libérée du poids du passé. Tu as compris que ton appel est là, sur ta liste de « choses à faire », parce que *faire ce qui est important aujourd'hui* est, non un obstacle, mais le moyen divin de te préparer pour ta mission irremplaçable. Tu as découvert que le défi d'*aimer comme Dieu aime* est l'ingrédient essentiel qui déclenche tous les autres projets que Dieu a prévus pour toi. Te rends-tu compte des grandes enjambées que tu as déjà faites ?

La pierre suivante *recherche la paix et poursuis-la* est certainement la plus prisée de toutes, car les femmes veulent à tout prix trouver la paix. La sérénité vaut bien plus que l'or. Chacune de nous aspire à cet état d'esprit libre de tout tracas, de toute agitation, de toute anxiété dans l'assurance tranquille de pouvoir faire confiance à Dieu.

Rechercher la paix est une chose, la *poursuivre* en est une autre. Cette pierre étant légèrement submergée, on a parfois de l'eau jusqu'aux chevilles avant de pouvoir la repérer et prendre fermement position dessus. Cependant je te conseille de répondre au soupir profond de ton cœur et de ne pas hésiter à plonger le pied dans le courant. Il vaut la peine de poursuivre la paix intérieure surtout si tu te sens angoissée, malheureuse ou insatisfaite de la vie. Remarquons que ce verset *Recherche la paix et poursuis-la*[48] loin de n'être qu'une belle phrase est un commandement divin. À l'école, on nous apprenait que, lorsque le verbe est à l'impératif, il faut le lire comme s'il y avait un 'tu' : *tu* recherches la paix et *tu* la poursuis ! Réfléchissons à ce qu'implique l'obéissance à ce commandement de Dieu. Nous devons rechercher la paix jour après jour, que ce soit facile ou difficile, quand nous nous sentons mal, quand on nous a fait du tort et même quand un être cher nous quitte. Nous devons rechercher la paix, un point, c'est tout !

Les avantages de la poursuite

Notre poursuite de la paix nous mène au plus grand des trésors : la rencontre avec Jésus et Son désir de nous restaurer au sein de nos blessures, de nos souffrances et de nos fausses croyances. Ma quête effrénée ne m'a conduite qu'à la perplexité. J'ai appris par expérience que la paix se trouve bien plus dans la présence de Jésus et à son écoute qu'en faisant quoi que ce soit d'autre.

Dans notre intimité croissante avec Jésus, nous apprenons à reconnaître la voix de Dieu, ce qui facilite notre compréhension des missions présentes et à long terme qu'Il nous confie. Nous sommes ainsi plus à même d'accepter Sa pensée sur les questions importantes de la vie, sur nos problèmes familiaux ou financiers, ainsi que sur les décisions qui risqueraient de nous détourner de Ses projets. Quand je poursuis la paix, Dieu s'arrange pour me faire découvrir Sa volonté dans tous les domaines de ma vie. C'est une stratégie de découverte sans stress !

La paix est également d'un grand prix parce que l'obéissance à ce commandement divin nous donne encore une fois un but authentique et valable en soi pour aujourd'hui. Je me serais épargnée des années de pleurs si j'avais su que la poursuite de la paix était le but que Dieu avait prévu pour moi, une étape incontournable pour me faire progresser vers

[48] Psaume 34 : 14

Lui et vers les buts qu'Il avait pour ma vie. Ne comprenant pas que ma soif de paix était normale, je luttais comme si j'avais contracté une maladie redoutable et je me croyais déphasée, alors que j'étais sur la bonne voie.

Un fiasco en triple exemplaire !

Même si nous désirons ardemment trouver la paix et que Dieu nous aide dans notre recherche, nous avons souvent beaucoup de mal à la trouver. C'était mon cas et je sais que je ne suis pas la seule !

À une certaine époque, Danielle, Becky et moi, toutes trois frustrées dans notre recherche de la paix, décidons de nous réunir. Nos échanges se changent parfois en éclats de rire quand nous réalisons que nos histoires racontent le même fiasco en triple exemplaire !

> *La paix intérieure est la voie qui mène à la paix du monde.* *
>
> *Mairead C. Maguire, Lauréate du Prix Nobel de la paix*

Je connais Danielle depuis nos études universitaires. Pour calmer son vide existentiel, elle se lance dans des dépenses outrancières et une activité débordante. À l'instar de beaucoup de ses amies dans la jungle urbaine de béton, elle perd ses illusions sur la vie trépidante avec ses convoitises et ses appétits insatiables : « Plus vite ! plus grand ! plus beau ». Elle a l'impression d'être une jolie souris qui fait tourner sa roue dans une cage dorée ! Elle court mais pour aller où ? À l'âge de trente-cinq ans, elle se sent malheureuse, minée lentement par l'absence de paix, fatiguée des distractions onéreuses comme le week-end qu'elle vient de se payer sur une île lointaine qu'on n'atteint qu'en hélicoptère, afin de combattre sa vague impression d'échec dans l'essentiel de la vie. Elle se rend compte que ni l'argent, ni les belles voitures, ni les hommes faciles ne peuvent lui apporter ce qu'elle recherche.

Becky, quant à elle, pense depuis des années que le catalyseur pour sa paix intérieure sera de définir ce qu'est l'appel de Dieu pour sa vie, la tâche principale qu'Il veut qu'elle accomplisse. Malheureusement, parvenue à l'âge de quarante-deux ans, elle n'a pas réussi, malgré de multiples tentatives, à susciter l'apparition spectaculaire de la révélation espérée. Elle n'a complété aucune œuvre commencée avec brio et ne comprend pas pourquoi rien n'a abouti. Il ne lui reste que des insatisfactions, alors que son espérance de laisser un impact derrière elle s'amenuise de jour en jour. En dépit de son éducation religieuse et de toutes les apparences d'une belle vie, elle a l'impression de vivoter et de sombrer dans l'inertie. Convaincue d'être atteinte de graves troubles physiques, elle a décidé d'abandonner son infructueuse recherche et de consacrer le peu d'énergie qui lui reste à trouver le contentement. Elle se pose seulement la question : « Comment puis-je y parvenir ? ». Tardivement un soir, c'est à mon tour de leur raconter mon histoire.

Je dois absolument trouver la paix

Bien que chrétienne depuis fort longtemps, je ne parviens pas à définir pourquoi je ne suis pas en paix. De plus en plus écœurée de mon état d'agitation perpétuelle, dégoûtée de la mine renfrognée que me renvoie le miroir, je me lance à fond à la recherche de la sérénité, déterminée à ne m'accorder aucun répit.

Un an environ après mon voyage apparemment infructueux en Inde, je décide qu'une retraite spirituelle personnelle, quelque part dans le monde, peu importe où, sera mon ultime effort pour desserrer l'étau dans lequel l'absence de but et de paix me maintient. J'imagine que je me sentirai mieux après avoir goûté à la vie paisible et qu'il doit certainement exister une méthode éprouvée pour trouver la sérénité. Comme je n'ai pas envie d'étudier des ouvrages sur le sujet, j'envisage une retraite ponctuée de quelques causeries par des orateurs renommés. Peu de temps après avoir pris cette décision, au cours de mes recherches sur les femmes en leadership, je sens mon cœur battre très fort en lisant la biographie des lauréates du Prix Nobel de la paix. En 1988, seulement trois d'entre elles sont encore en vie, l'une d'elles étant Mère Teresa que j'avais déjà rencontrée, et les deux autres étant Mairead Corrigan Maguire et Betty Williams Smith qui ont fait équipe pour tenter d'arrêter la guerre en Irlande du Nord. Stupéfaite, je sais instinctivement qu'il faut que je rencontre ces deux lauréates, ou tout au moins leurs collaboratrices. Peu m'importe si je n'ai pas encore intégré les leçons reçues chez Mère Teresa ; il me faut suivre cette piste ! Je ne me doute pas que cette certitude vient de Dieu qui utilise l'appât de ma passion des voyages pour me faire progresser.

Avant d'être prise de peur, je compose le numéro du bureau des Peace People (Personnes de Paix) en Irlande du Nord, association pour promouvoir la non-violence dont Mairead est co-fondatrice. « Mairead Maguire à l'appareil, » me répond une femme à la voix enjouée et au fort accent irlandais ! Je n'en crois pas mes oreilles ! Me cramponnant au combiné de ma main tremblante, je balbutie : « Qui… qui est-ce ? » Ai-je l'honneur de parler à la lauréate du Prix Nobel ? Malgré ma voix chevrotante, je parviens à me faire comprendre et Mairead m'invite au congrès annuel des Peace People qui se tiendra au monastère Benburg en Irlande du Nord. Je m'empresse d'obtenir une invitation pour ma mère.

« Votre maman et vous pourriez participer à notre jeûne de trois jours pour la paix pendant le congrès » me propose Mairead au cours de notre conversation sur les conditions de séjour. Lui promettant d'y réfléchir, je cherche à gagner du temps pour me trouver une excuse valable. Je ne vais quand même pas gâcher mes vacances avec un jeûne qui ne me concerne pas du tout ! La dernière fois que j'ai « jeûné », ce n'était pas pour la paix dans le monde, mais pour pouvoir mettre une jolie petite robe noire ! Convaincue que cette fois je vais trouver les réponses tant désirées, je ne réalise toujours pas que mes recherches à l'étranger sont orchestrées par Dieu, ni que le but de ma vie et la recherche de la paix sont deux fils entrelacés dans la tapisserie qu'Il tisse. Après quelques excursions dans les paysages verdoyants d'Irlande du Nord, le grand jour arrive ! Nous allons vivre dans un ancien monastère, dormir dans des lits étroits et durs et rencontrer des *saints* qui nous montreront comment vivre en paix les uns avec les autres !

> *Ceux qui répandent la paix comme des semences récoltent une moisson de bonté.*
>
> *Jacques 3 : 18*

Dès le début du congrès, nous réalisons que les congressistes en sont à leur trente-septième jour d'un jeûne liquide de quarante jours. Quelques-uns, *« moins saints »*, mangent du pain les mercredis et vendredis ! Le contraste entre l'abnégation des Peace People et mon style de vie me laisse songeuse...mais pas convaincue au point de me joindre à leur jeûne ! Je perçois un peu mieux la raison de leur consécration et de leur sacrifice dans ce jeûne où ils implorent Dieu pour la paix de leur pays bien-aimé, quand je me trouve nez-à-nez avec des blindés et des miliciens armés de mitrailleuses. Je comprends mieux leur engagement lorsque je me trouve prise dans ce que je crois être un défilé entre les représentants des Catholiques Verts et les Protestants Oranges en kilts colorés. Quand la réalité me percute, je fuis au plus vite !

Ma quête personnelle s'inscrit désormais dans un contexte beaucoup plus large. Comme dans un dessin en pointillé, je distingue le lien que Dieu trace pour moi entre le danger que je viens de courir, mes impressions et la phrase de Mairead : « La paix du cœur est la voie vers la paix dans le monde. » Je comprends que ma recherche et son aboutissement ne sont pas que pour moi. Chacun et chacune d'entre nous est appelé à participer dans ce monde, non aux problèmes, mais aux solutions. Le *pourquoi* global que je n'avais pas perçu jusqu'ici devient plus clair : il me manque encore le *comment* personnel.

Un soir, Mairead m'invite à venir sur son lit au dortoir pour un partage qu'elle m'autorise à enregistrer. « Katie, dit-elle, vous avez traversé l'Atlantique pour rencontrer une femme célèbre et lui demander comment trouver la paix du cœur et la sérénité. Vous pensiez que, puisque j'avais eu le privilège de parler avec le Pape, Mère Teresa, des présidents et des reines, j'aurais certainement la réponse et que je pourrais vous aider dans votre quête. Mais vous êtes très étonnée de découvrir une femme ordinaire, qui croit que la clé de la paix pour soi et pour le monde, se trouve dans le don de soi et le partage de ce que nous avons avec ceux qui sont moins favorisés que nous. Vous êtes surprise de voir que je suis comme les autres. Entre deux congrès pour la paix, je fais la cuisine, j'ai de la vaisselle dans l'évier, je suis bénévole à Peace People, j'essaie d'être une bonne épouse, je prie tout au long de la journée et j'élève mes cinq enfants. Dans votre cas, deux réponses me paraissent très claires. D'abord, soyez une bonne mère pour vos enfants. Deuxièmement, écoutez Dieu, peut-être plusieurs heures par jour, pendant que vous vaquez à vos occupations. Vous serez bien vite capable d'entendre sa voix au lieu de la vôtre. »

Ce ne sont pas les réponses complexes que j'espérais trouver, me suis-je dit. J'ai dépensé des milliers de dollars, parcouru des milliers de kilomètres pour inscrire des « choses à faire » sur ma liste « Plan d'action pour la sérénité ! » Bonjour pour l'investissement !

Je croyais que Mairead me donnerait une solution rapide et qu'elle m'expliquerait que les lauréates du Nobel de la Paix trouvent la tranquillité en prenant fréquemment de longues vacances où elles s'adonnent à la contemplation. Je pensais qu'elle me dirait qu'on peut trouver la paix en s'abonnant à des clubs de livres religieux, ou en n'écoutant que de la musique chrétienne, ou en jetant nos téléviseurs pour garder nos pensées pures. Je voulais quelque chose à faire sans me rendre compte que *faire* est le contraire d'*être*.

Comme Mairead se rend compte que la simplicité de ses conseils me déroute, elle me prend à nouveau à part le lendemain. Elle me rappelle avec douceur que je dois me détendre, laisser mon cerveau se reposer, profiter de la vie, sourire, être aimable et traiter les autres avec beaucoup de respect. « Priez et écoutez attentivement Dieu toute la journée », me dit-elle. « Soyez-Lui fidèle. Dites-Lui que vous êtes un instrument entre ses mains. S'il veut vous utiliser, Il vous le dira. Peut-être désire-t-Il vous envoyer laver la vaisselle dans un centre d'accueil ; votre part est simplement de répondre à Ses instructions. Soyez douce et chaleureuse envers les autres, surtout envers votre famille et vos proches, et vous trouverez la paix. » Puis, elle me dédicace un livre avec ces mots : « Priez, priez, priez, tout le temps ! »

> *Priez sans cesse !*
>
> *1 Thessaloniciens 5 : 17*

De retour chez moi, en repensant à l'accueil généreux de Mairead, j'ai des regrets. D'abord, ma mère et moi leur avons fait croire que nous jeûnions. Personne ne savait que nous avions des barres de céréales dans nos sacs à dos, ni que, une fois les réserves épuisées, nous dévalisions la cuisine du monastère en pleine nuit ! Comme des hamsters, nous bourrions nos joues de pommes de terre et de chou cuits à l'eau ! Partie en Irlande pour devenir sainte, j'y suis devenue menteuse et voleuse ! Je ne suis pas plus en paix à mon retour qu'à mon départ. Je n'ai pas encore intégré le conseil de Mairead, à savoir qu'une vie de prière apporte la paix. En outre, je me sens coupable parce que pour la deuxième fois, une lauréate du Nobel de la Paix m'annonce avec conviction ce que j'ai besoin d'entendre, et je n'ai pas la maturité spirituelle suffisante pour le comprendre et l'appliquer. Je ne suis pas encore prête.

En quête de paix : suite

Même si le récit de ma quête de paix n'apporte pas à Becky et à Danielle les réponses qu'elles escomptent, il nous offre de quoi discuter à notre prochaine rencontre.

« J'ai beaucoup réfléchi à ton histoire », commence Becky. « Il me semble que, selon toi, une vie de prière engendre la paix qui, à son tour, nous rend plus aptes à entendre Dieu nous révéler davantage ses missions spécifiques ! En fin de compte, en attendant de recevoir le but ultime de notre vie, il suffit de ne rien faire, si ce n'est prier et écouter la voix de Dieu. » Comme dit le verset : *« Arrêtez et reconnaissez que je suis Dieu ! »*[49], ajoute Danielle. « Je crois que c'est la clé », dis-je, en leur résumant ce que je viens d'entendre à ce sujet.

Certes, Dieu peut donner un objectif à n'importe qui de Son choix, à n'importe quel moment, que la personne soit en paix ou non. Cependant,

[49] Psaume 46 : 10

passer du temps à écouter Dieu est un cadeau merveilleux que nous nous faisons à nous-mêmes. À son écoute, nous croissons dans la connaissance de Ses voies et de Son caractère. Notre amour pour Lui grandit et nous pousse à désirer Lui obéir. Ensuite, au moment où nous nous y attendons le moins, nous recevons des impressions sur l'étape à passer maintenant. Ainsi, nos préoccupations et nos tensions pour connaître notre mission ultime diminuent.

Toutefois, même si cette démarche d'écoute est très juste, je pense qu'il est bon de ne pas tomber dans l'extrême du *« Ne rien faire »*. Pour me rendre compte si je fais des progrès dans la poursuite de ma paix intérieure, j'ai créé une « checklist ».

LISTE POUR LA POURSUITE DE LA PAIX INTÉRIEURE

Est-ce que… ?

- Je pratique la présence de Dieu en vaquant à mes occupations.
- Je languis après des temps fréquents et intimes avec Dieu.
- Je trouve la paix dans ma lecture et ma méditation des promesses bibliques quand je dois prendre des décisions.
- Je découvre qu'il est bon d'écrire dans mon journal mes expériences marquantes, mes questions et les réponses de Dieu.
- Je reconnais que Dieu agit en ma faveur même pendant mes moments d'inquiétude et d'agitation.
- J'encourage mon entourage à écouter Dieu et je prends une leçon d'humilité en voyant combien Dieu agit dans leur vie.

Trouver la paix jour après jour

Lorsque notre trio cesse de se réunir, je n'ai pas l'impression d'avoir la paix que je souhaite. En fait, je ne me rends pas compte que Dieu fait croître à mon insu les semences que Mairead a tendrement plantées dans mon cœur. Il m'attire plus près de Lui et fait intervenir dans ma vie des personnes qui arrosent assidûment ces idées par leurs paroles et leur exemple. L'une d'elles est un jeune pasteur nommé Jeff Walling qui m'encourage à mettre dans mon emploi du temps des moments réguliers pour lire la Bible. Suivant son conseil, je commence par trois minutes par jour.

> *Moi, j'ai planté, Apollos a arrosé, mais c'est Dieu qui faisait croître.*
>
> *1 Corinthiens 3 : 6*

Par la suite, la pratique de cette discipline spirituelle m'amène à faire des découvertes de plus en plus signifiantes, alors que j'y consacre davantage de temps. Je comprends, par exemple, que les problèmes de dépression, de peur et de perfectionnisme qui nous dominent souvent se déplacent en meutes et se nourrissent tous du même cadavre en décomposition : le sentiment d'impuissance. Après avoir pris conscience de ce sinistre trio d'assassins de la paix, je demande à Dieu de transformer mon impuissance en force et en audace, ce qu'Il va opérer en moi sur plusieurs années.

J'ai fini par faire l'expérience d'entendre Dieu dans le silence de mon âme. Bouleversée, j'ai écrit dans mon journal : « Merci, Jésus, de m'avoir montré comment trouver la paix. Tu t'es donné toi-même en exemple en te mettant à l'écart pour prier et être à l'écoute de ton Père. Je veux apprendre à écouter Dieu, mon Père, tout au long de la journée. » Qu'en est-il de toi ? Où te places-tu sur *« l'échelle Richter de la paix intérieure »* ?

Désespoir total	Semi-sérénité	En paix
Énervée, affolée, anxieuse	Un certain calme dans ton âme	Une sérénité incontestable

Quel que soit ton point de départ, la question fondamentale reste la même : ta soif de paix est-elle suffisamment intense pour la *poursuivre* ?

Prendras-tu le temps de rester tranquille dans la présence de Dieu et d'intégrer ce qu'Il t'offre ?

Dieu attend que tu fasses ce pas, afin qu'Il puisse t'ouvrir les yeux sur tout ce qu'Il a en réserve pour toi.

Conseils de ta coach pour poursuivre la paix

Poursuivre la paix intérieure nécessite de prendre tout le temps dont tu as besoin pour faire les exercices ci-dessous. Comme toujours, résiste à la tentation de prendre des raccourcis !

Pratique le silence

Par la pratique du silence, tu te crées des opportunités pour que Dieu te parle. Fais ta part en réduisant le bruit, les excitations et la surcharge d'informations. Éteins parfois ta télévision, ta chaîne hi-fi ou la radio dans la voiture. Retire-toi discrètement des conversations bruyantes. Passe du temps dans une bibliothèque ou un musée. Demande tous les jours à Dieu qu'Il fasse de toi une meilleure auditrice. Demande-Lui de te conduire là où Il a prévu que tu sois. Pour mieux te concentrer sur le silence, choisis un endroit calme avec ta boisson préférée et l'Esprit Saint, mais sans un tas de lectures à faire, et surtout sans t'inquiéter des accusations de *« paresseuse »*. Je t'avertis : prépare-toi à ce qu'on te demande ce que tu fais et aie le courage de dire : « Je ne fais rien » ! Plus tu pratiqueras la tranquillité dans ta vie, plus tu trouveras des opportunités pour te tenir en silence devant Dieu.

Arrête le bavardage intarissable de tes pensées

Le chemin de la paix est pavé de longues étendues de silence. Souvent, le bruit le plus nuisible provient du bavardage de nos pensées. Est-ce que tu te parles à toi-même tout le temps (silencieusement ou à voix haute) ? Si c'est ton cas, arrête de te torturer. C'est le moment d'arrêter le bruit de tes pensées ! Tu n'es pas obligée d'être ton propre auditeur captif. Donne-toi l'ordre à toi-même de faire silence.

Envoie des « prières flèches » toute la journée

Prends l'habitude de parler à Dieu et de l'écouter tout au long du jour et chaque jour. Cette semaine, apprends à envoyer des *« prières flèches »* à propos de tout ce que tu fais, puis ralentis pour entendre Dieu te répondre. Attends-toi à recevoir des réponses sur tous les aspects du développement de ton caractère, sur tes divers rôles et tes relations, tes finances, tes objectifs et bien davantage.

Ne te culpabilise pas si tu t'endors pendant le silence

Si tu es dans une grande fatigue ou en état d'épuisement émotionnel, il se peut que tu t'endormes pendant que tu essaies d'écouter Dieu. Ne t'inquiète pas. Prendre du repos est biblique. Dieu Lui-même s'est reposé le septième jour. Certains jours, j'ai l'impression que je pourrais prier sans arrêt et d'autres fois, je suis à peine assise pour prier que je m'endors. Rappelle-toi que le repos nourrit ton corps, ta vie psychique et spirituelle. Un petit somme pendant ton temps de prière peut être une excellente thérapie, sans frais, pour ce qui te fait souffrir. Sommeiller pour moi n'est pas un luxe, mais une nécessité pour garder ma santé mentale. Alors, fais comme moi si tu en sens le besoin ! Nous sommes d'ailleurs en bonne compagnie : Churchill, Einstein et les présidents Kennedy et Reagan faisaient tous de petits sommes ! Ne te culpabilise pas et remets-toi à prier quand tu te réveilles.

Change délibérément de rythme

Apprends à ralentir. Faire l'effort délibéré d'éliminer la pression du *rendement* pendant un certain temps peut s'avérer très utile. Au lieu de tout accomplir à toute vitesse, pratique le contraire. Adonne-toi à un passe-temps comme la peinture, la lecture ou la pêche qui procure le calme à ton âme. Il se peut que les personnes actives ou énergiques trouvent difficile d'adopter des habitudes quotidiennes, hebdomadaires, mensuelles et annuelles qui changent délibérément le rythme de leur vie : il n'en reste pas moins vrai que ralentir contribue grandement à la paix.

Si, à cause de crises, de dates limites ou d'engagements à respecter, tu ne peux pas ralentir ton rythme actuel, prends fréquemment de brèves pauses. Trouve-toi des façons créatives de ralentir. Sens-toi libre d'essayer mes *« favoris »* pour changer de rythme quand la pression devient trop forte : faire une promenade, prier, me rappeler un verset biblique, chanter à haute voix, danser sur la musique de Zorba le Grec, m'attarder devant quelques vitrines en faisant mes courses, écrire une lettre d'encouragement, faire le tour du quartier à vélo…

Fuis ce qui tue la paix

Revois la liste de tes priorités, afin d'éviter trois autres assassins de la paix : vouloir faire plaisir à tout le monde, vouloir faire aussi bien que les voisins, t'inquiéter de ce qui n'est pas de ton ressort. La prochaine fois que tu t'aperçois que tu t'es fait prendre au piège, confie-toi à une amie pour qu'elle t'aide à rester ferme.

C'est maintenant le temps de rechercher la paix intérieure

Es-tu prête à faire ce pas de plus qui consiste à *rechercher la paix et la poursuivre* ? Vas-tu écouter Dieu tout au long de la journée ? La Bible dit :

> *Ne vous inquiétez de rien mais priez plutôt pour tout. Dites à Dieu ce qui vous manque et remerciez-Le pour ce qu'Il a fait. Si vous agissez ainsi, vous ferez l'expérience de la paix de Dieu qui est bien plus merveilleuse que ce que la pensée humaine peut comprendre. Sa paix gardera votre cœur et vos pensées pendant que vous vivrez en Christ Jésus.*[50]

Veux-tu rayonner de paix intérieure ? Alors je t'encourage à mettre la prière en priorité dans ta vie. Écoute attentivement quand Dieu te donne des révélations sur Lui-même et sur ton projet de vie.

---

[50] Philippiens 4 : 6-7

Éclairage biblique

LE CHOIX DE VIE DE DEUX SŒURS MARTHE ET MARIE :
POURSUIVRE LA PAIX.

Laissons-nous interpeller par ces deux sœurs - Luc 10 : 38-42

Beaucoup d'entre nous redoutons la lecture de ce passage parce que nous avons tellement à faire. Nous ressemblons généralement à Marthe occupée à servir les autres et nous oublions que Jésus veut passer du temps avec nous.

Ton activité fébrile t'empêche-t-elle d'être avec Dieu ? Si c'est le cas, je t'invite à commencer dès maintenant à rechercher sa présence et sa paix *au milieu de tes occupations*. On nous dit trop souvent qu'il faut faire « comme Marie, sinon rien ». En vérité, nous devons, non seulement nous asseoir sans être dérangées aux pieds de Jésus (comme Marie), mais en plus, inviter Jésus à nous accompagner à tout moment dans nos journées chargées (ce que Marthe n'a pas fait dans son agitation).

Ne pensez-vous pas que Jésus aurait aimé que Marthe l'invite dans sa cuisine pour bavarder et travailler ensemble ?

LIVRES POUR APPROFONDIR

Vanier Jean - ***Recherche la Paix***

Philippe Jacques - ***Recherche la paix et poursuis-la : petit traité sur la paix du cœur***

Cloud Henry & Townsend John - ***Oser s'affirmer***

Questions personnelles pour progresser

1. Dans quelle mesure écoutes-tu Dieu tout au long de la journée ?

Note par écrit ce que tu fais actuellement pour poursuivre la paix au travers de l'écoute de Dieu. Qu'en est-il des points suivants ?

- Attitude d'écoute constante
- Réduire mes activités
- Temps d'étude de la Bible
- Louange personnelle ou collective
- Tenir un journal spirituel
- Prière
- Créer du silence
- Jeûne de paroles
- Temps calme (réflexion)
- Prières flèches

2. Parmi les points cités ci-dessus, lesquels aimerais-tu essayer de mettre en pratique, afin d'augmenter ton désir d'écoute ?

3. Quelles difficultés rencontres-tu pour écouter Dieu ? Qu'est-ce que tu peux faire pour y pallier ?

4. Avant de lire ce chapitre, savais-tu que la poursuite de la paix est un objectif que Dieu a prévu pour toi et que celle-ci passe par la prière et l'écoute de Sa Parole ?

5. Si ta préoccupation présente est seulement de connaître ton projet de vie, qu'as-tu conclu de cet enseignement ?

6. Que Dieu t'encourage-t-il à faire dans ta poursuite de la paix ?

Chapitre 5

Détourne-toi de toutes tes fautes

Changez donc d'attitude et détournez-vous de tous vos péchés, pour que vos fautes ne causent pas votre perte. Rejetez loin de vous tous les péchés que vous avez commis contre moi. Faites-vous un cœur nouveau et un état d'esprit nouveau.

Ézéchiel 18 : 30-31 ; Semeur

Avant d'entreprendre l'étape suivante, relève la tête, étire-toi, respire profondément et regarde autour de toi. Les rayons du soleil rendent la rive devant toi encore plus attrayante qu'à ton départ. Un coup d'œil derrière toi… Te rends-tu compte des progrès que tu as faits ? Je voulais que tu sois encouragée, car l'étape suivante est des plus difficiles.

La pierre « *Repens-toi et détourne-toi de toutes tes fautes* » provoque chez de nombreuses femmes des pas hésitants, un peu comme si elles apprenaient à danser la salsa, un pas en avant, un pas en arrière, toutefois sans aucune élégance ! Arrête-toi un instant et imagine que tu vois de loin une femme qui traverse prudemment le courant. Soudain on dirait qu'elle perd l'équilibre, elle se balance d'avant en arrière comme si elle tentait d'éviter un essaim d'abeilles, mais on ne peut rien faire pour elle. Elle n'a qu'un espoir : se ressaisir et se poser avec calme et prudence sur cette pierre.

Pourquoi tant d'hésitation quand il est question de repentance ? Je crois qu'en fait, nous connaissons déjà la réponse. La repentance demande que l'évaluation de nos erreurs, de nos faux-pas, nous amène à changer notre façon de penser d'abord puis d'agir, ce qui n'est jamais facile. Se repentir signifie confier à Dieu nos faiblesses et nos échecs, persévérer dans la résistance à la tentation, mener une vie de prière et surtout accepter de changer en profondeur.

En dépit de tes appréhensions, va de l'avant. Je t'offre de t'accompagner car moi aussi, j'ai hésité et je suis même tombée à l'eau ! J'ai glissé et porte encore aux genoux les cicatrices de mes égratignures ! Pourtant, il vaut la peine d'atteindre cette pierre, même en chancelant. Il m'a fallu longtemps pour apprendre que la formation de mon caractère (moins de péché, plus de repentance et plus d'obéissance) est bien plus importante au regard de Dieu que tout ce que je peux espérer accomplir pour Lui. Si j'avais connu cette vérité essentielle, je m'en serais occupée activement et plus tôt, car la révélation des projets de Dieu pour chacune de nous est intimement liée à notre croissance personnelle et spirituelle.

Pourquoi le péché est-il si grave ?

Au regard de Dieu, le péché est une affaire sérieuse. Nous péchons quand tout d'abord nous tournons le dos à Dieu, refusons son ingérence dans notre vie ou commettons des actes, des infractions qui nous séparent de Lui. Afin d'éviter la confusion, la Bible cite nommément un grand nombre d'exemples. En voici une liste partielle tirée de la lettre de Paul aux Éphésiens : la sensualité qui se complaît dans l'inconduite, la séduction des désirs mal placés, la fausseté, la colère, le vol, les gros mots, l'amertume, la violence, les querelles, les calomnies, toute forme de malveillance, l'appât du gain, l'obscénité, les paroles insensées, les plaisanteries équivoques, l'idolâtrie, les pratiques ténébreuses, l'ivrognerie et la débauche.[51]

> *Va, mais désormais, ne pèche plus.*
>
> *Jean 8 : 11*

[51] Éphésiens 4 : 19-5 : 21

Se repentir consiste à regretter sincèrement et avec tristesse nos manquements et désirer changer. Soulignons le mot *changer,* car il fait toute la différence. Le péché peut provoquer deux sortes de tristesse. La *tristesse humaine* n'est fréquemment que de l'irritation et de l'orgueil blessé parce qu'on s'est fait prendre au piège tandis que la *tristesse selon Dieu* est produite par l'Esprit Saint en accord avec la volonté de Dieu.[52] Elle nous pousse à retrouver notre intégrité avec Dieu et à faire ce qui est nécessaire pour réparer nos manquements. Quand nous nous repentons sincèrement, nos paroles de contrition sont en accord avec ce que nous allons faire. Nous devenons une nouvelle personne qui donne des preuves de sa repentance comme le dit la Bible : *« Changez votre vie et tournez-vous vers Dieu. Faites de bonnes actions pour montrer que vous avez changé votre vie ».*[53]

Voyez-vous pourquoi la repentance doit aller de pair avec la recherche de notre destinée ? J'ignorais autrefois que Dieu peut, à cause de notre péché, nous maintenir délibérément dans le flou sur notre projet de vie. Quand nous reconnaissons notre péché devant Dieu, le changement dans notre vie nous rapproche de Lui et nous permet de mieux entendre ce qu'Il veut nous dire sur Ses projets pour nous. Par contre, le péché nous entraîne toujours loin de Dieu et nous empêche d'entendre Sa voix.

Ces manquements qui obstruent ma destinée

Le péché est un problème universel qui contrecarre la croissance saine de tout individu, et particulièrement notre désir d'accomplir les buts de Dieu dans notre vie. Je ne prends pas de risque en disant que tu vas reconnaître ta participation à plusieurs des péchés endémiques suivants : égoïsme, jalousie, mépris de soi, entêtement, convoitise, paresse, critique, violence, dépendances, obsessions, gratification immédiate. Je n'ai pas extrait cette liste de la Bible, même si j'aurais pu le faire, ni des dernières études des chercheurs de Harvard sur les maladies mentales. Je l'ai tirée de mes interviews d'adolescents incarcérés en sécurité

[52] 2 Corinthiens 7 : 10-11
[53] Actes 26 : 20

maximale pour meurtre, viol et/ou cambriolage. Il faut que je vous explique que j'avais demandé à interviewer ces détenues pour un projet de recherche intitulé « Obstacles au plan de Dieu dans la vie des jeunes ». Je me suis retrouvée dans une prison pour jeunes gens, le genre m'importait peu, l'essentiel étant d'avoir pu entrer ! Sous la surveillance d'un gardien derrière la porte, j'ai demandé à chaque détenu dans un entretien personnel, de nommer les trois obstacles majeurs qu'il rencontrerait s'il était miraculeusement libéré de prison le jour même. J'ai demandé à chacun d'éviter de rejeter la faute sur la famille, les amis, le chômage ou le manque d'argent. Je voulais que, au lieu de se voir en victimes, ils pensent à leur caractère ou à leurs habitudes. J'ai constaté que ces jeunes au passé très chargé avaient conscience que leurs faiblesses personnelles les handicaperaient toute leur vie. Je leur ai ensuite demandé : « Peux-tu me faire trois suggestions pour éviter ces pièges ? » Leurs réponses transcrites en un langage socialement correct constituent les « Principes pour mieux vivre » que je vous donne ci-dessous.

Principes pour mieux vivre
Conseils donnés par de jeunes détenus

1. Prends un jour à la fois. Ne prends pas de l'avance sur toi-même.
2. Identifie et élimine vite ce qui pourrait te détourner de ton but.
3. Pense positif. Évite les personnes ou les influences négatives. Mieux encore, trouve-toi des modèles et des mentors qui t'aident à avancer quand ça devient dur.
4. Détends-toi. Relaxe-toi. Ne te prends pas trop au sérieux. Ris davantage de toi-même et avec les autres. Prends plus de distractions saines.
5. Donne bien plus que ce que tu ne t'attends à recevoir.
6. Prie Dieu pour chacune de tes décisions ; ainsi, tu apprendras à te concentrer sur le long terme du but de ta vie plutôt que sur tes désirs immédiats. Quand tu trouves ton « truc », engage-toi tout de suite : ça t'aidera à éviter des ennuis.

7. Gère bien ton temps et ton argent. Fais-toi aider dans ce domaine si tu en as besoin.
8. Récompense-toi pour ce que tu fais de bien, même si c'est petit. Félicite-toi, si tu as seulement tenté d'apporter ton aide à ta famille ou à la société. Sois bon envers toi en paroles et en actes, que tu réussisses ou que tu échoues.
9. Prends conscience de ta crainte de la réussite et de ta peur de l'échec. Fais face à toutes tes peurs et tes inquiétudes ; ne panique pas. Si tu n'arrives pas à dominer ta peur, affronte-la et avance quand même.
10. Dis exactement aux gens ce qui te manque, ce que tu veux et ce que tu attends d'eux. Les autres ne peuvent pas deviner ce que tu penses alors que, bien souvent, ils désirent sincèrement t'aider.

Ces jeunes proposent des principes de réussite qu'ils ont appris, non dans des livres, mais à la dure, dans les rues, au travers d'échecs répétés dans des expériences bien au-delà de leur âge. La prise de conscience de ces principes est basique, mais ne suffit pas pour réussir notre vie : les intégrer et les mettre en pratique fait toute la différence. Les femmes en recherche de leur destinée effectuent des changements. Elles choisissent délibérément la discipline de la repentance et demandent à Dieu d'ôter de leur vie les faiblesses et les péchés. Elles refusent toute excuse de médiocrité et acceptent d'améliorer leur caractère, afin de mener une vie plus noble et se font aider si nécessaire.

Repentance de l'orgueil

L'orgueil est souvent un obstacle majeur à la poursuite de notre destinée. Dieu attend de nous que nous combattions toute forme de suffisance et d'arrogance, y compris le fait de feindre l'humilité (la fausse humilité consiste à être fière de notre humilité !). La Bible abonde en mises en garde :

« L'orgueil conduit à la faillite et l'arrogance à la ruine ».[54]

« Le Seigneur déteste les hommes orgueilleux ; on peut être sûr qu'ils ne seront pas impunis ».[55]

> *Si tu ne penses qu'à toi, tu penses trop.*
>
> *Jane Ann Clark*

Chaque fois que nous nous surprenons à convoiter l'attention, les félicitations ou la reconnaissance des autres, laissons Dieu nous dévoiler notre orgueil. J'ai dû moi-même apprendre cette leçon. Un jour, dans mon église, je suis invitée à donner un témoignage de huit minutes et je demande à Dieu qu'il se serve de moi. Cependant, quelques jours après, je me rends compte que je prends un plaisir excessif aux félicitations que m'adressent certains paroissiens. « Je crois bien, dis-je à une amie, que je suis en train de détourner sur moi une partie de la gloire qui revient à Dieu. » « C'est fort possible, me répond-elle, mais si tu t'en repens, Il est fidèle et bon pour te pardonner. Moi aussi, j'aimerais ne plus me gonfler d'orgueil quand Dieu fait quelque chose au travers de moi. Et si nous nous accordions toutes les deux de veiller l'une sur l'autre à ce sujet ? » À ce jour, je suis encore reconnaissante pour la mise en garde que nous exerçons l'une envers l'autre.

Peu de temps après cette conversation, je suis tombée sur un passage de la Bible que l'on cite rarement. Le récit de la mort du roi Hérode m'a horrifiée et confirmée dans ma détermination à être libérée du péché d'orgueil.

> *« Au jour convenu, Hérode, portant son vêtement royal, avait pris place à la tribune et prononçait la harangue officielle, tandis que le peuple l'acclamait : « C'est la voix d'un dieu et non d'un homme ! » Mais soudain, l'ange du Seigneur frappa Hérode, pour n'avoir pas rendu à Dieu la gloire et, dévoré par les vers, il expira ».*[56]

---

[54] Proverbes 16 : 18
[55] Proverbes 16 : 5
[56] Actes 12 : 21-23

Autres témoignages de repentance

J'ai eu du mal, au fil des ans, à reconnaître mes manquements et à m'en repentir. L'orgueil, comme je viens de le dire, l'impatience, le juron, le mensonge, la manipulation, le vol, en faisaient partie. Je rapportais les commérages, piquais des colères, étais jalouse et buvais trop. Je n'ai pas réussi à m'en débarrasser par mes propres efforts, mais Dieu m'a fait la grâce de venir à mon secours à maintes et maintes reprises.

Dieu utilise une grande variété de moyens pour que nous prenions conscience de nos péchés et y renoncions. Dans ma vie, Il a parfois permis que je passe par la gêne ou la souffrance causée par un penchant destructeur. Plusieurs fois, Il m'a montré la laideur d'une mauvaise habitude en moi ou chez une autre personne. D'autres fois, Il m'a poussé à renoncer au moindre pour prendre le meilleur. Parfois, Il a simplement augmenté ma confiance, mon obéissance ou mon amour envers Lui et j'ai renoncé à ce qui Lui déplaisait.

La repentance et les changements de mode de vie qu'elle entraîne peuvent se faire à un rythme si rapide qu'on ne se souvient plus comment on est allé du point A au point B à moins d'en avoir gardé une trace écrite. C'est ainsi que j'ai découvert dans mon journal des réflexions que j'avais totalement oubliées au sujet de deux de mes péchés : jurer et voler. L'envie de m'arrêter de jurer a grandi lentement dans mon cœur.

Voici la prière que j'ai écrite dans mon journal : « Mon Dieu, tu m'as montré que je ne donne pas une bonne représentation de toi quand j'emploie des gros mots. Tu m'as aussi donné beaucoup de souffrance dans mon cœur quand j'entends mon amie X prendre ton nom en vain. Depuis longtemps, j'en suis incommodée, mais maintenant j'en ai horreur. Je te demande de me donner le courage de lui parler plus fermement ou de mettre fin à cette relation. Je me repens de dire des jurons : je ne veux plus en dire, ni être en compagnie de ceux qui en disent. Aide-moi, s'il te plaît, à changer. »

> *On entend fréquemment des personnes crier désespérément qu'elles veulent savoir ce qu'est leur mission de vie. Cependant, on les voit faire des queues de poisson sur la route, refuser d'accorder du temps aux autres, bouder leur conjoint qui les a blessées, mentir sur ce qu'elles ont fait. Il me semble que les anges doivent rire de ce pitoyable spectacle car la « mission » qu'elles cherchent se trouve là sous leur nez, sur la route, dans ces refus, ces représailles et ces mensonges.* *
>
> *Richard Nelson Bolles*

Pour ce qui est de voler, Dieu s'est servi de la réflexion d'une amie à qui je demandais de me rappeler de son bureau pour bavarder un bon moment au téléphone. « Je ne peux pas, me répond-elle, parce que c'est du vol : d'une part les frais de cet appel et d'autre part, le temps pris sur mes heures de travail. » Après m'être moquée intérieurement de cette remarque que j'avais trouvée ridicule, j'écoute mon amie m'expliquer que son mari, officier à la retraite, se réfère souvent au code d'honneur qu'il a appris à West Point.[57] Un officier ne ment pas, il ne triche pas, il ne vole pas, il n'est pas indulgent envers les personnes qui commettent de tels actes. Cette simple déclaration, me dit-elle, nous stimule continuellement à un examen scrupuleux de notre comportement. Interpellée, je réfléchis à ce qui est pour moi une nouvelle façon de voir et je me pose des questions. Est-ce que je vole l'entreprise quand je me sers de la machine à affranchir pour mon courrier personnel, quand je fais passer un repas entre amis dans les frais généraux ?

Finalement, j'écris dans mon journal : « Mon Dieu, je me rends compte que ce n'est pas juste « d'emprunter » les fournitures du bureau pour mon usage personnel. Je Te prie de me pardonner. Je prends la décision de remettre un chèque à M. X pour les fournitures que j'ai prises et de lui demander pardon. C'est difficile et humiliant. Je regrette sincèrement mon péché et Te remercie de T'être servi de mon amie et de son mari

[57] Célèbre école militaire dont l'équivalent français serait Saint-Cyr.
* Richard Nelson Bolles, *What Colour is Your Parachute ?* page 457

pour me faire changer. Je Te demande de faire de moi une femme d'intégrité pour Toi ». Même si j'ai honte de raconter ces deux épisodes de repentance, ils m'encouragent à croire que, quand toi et moi prenons conscience d'autres péchés, Dieu est puissant pour nous aider à y renoncer. Si nous hésitons à faire ces pas de repentance, nous pouvons les voir comme des opportunités pour avancer plus rapidement vers notre projet de vie.

La repentance : étape libératrice

La repentance atténue les conséquences négatives de nos mauvaises actions. Par exemple, si elle permet le rétablissement ne serait-ce que d'une relation, elle contribue à me libérer de l'indifférence ou de la rancune.

En outre, quand nous nous repentons et cherchons à réparer le mal commis, nous orientons nos pensées vers ce qui contribue positivement à nos projets. Nous n'avons plus le temps ni l'envie d'agir en dehors de la volonté de Dieu, parce que nous sommes occupées à restaurer notre relation avec Lui et/ou autrui. En pratiquant la repentance, il est bon d'y ajouter un aspect constructeur : tu te concentres sur du positif au lieu de pleurnicher sur tes échecs et tes erreurs. Par exemple, plutôt que de t'inquiéter de ton orgueil, tu peux commencer à pratiquer l'humilité. Au lieu de te flageller pour ton impatience, tu peux reconnaître les progrès que tu as faits en étant plus patiente. Tu t'en veux de voler ? Choisis d'être volontairement généreuse. Au lieu de te sentir vaincue par tes plaintes et tes commérages, réfléchis aux bénédictions et aux encouragements que tu peux donner aux autres. Plutôt que d'être découragée de mentir et de tricher, demande à Dieu de t'aider à vivre intègre et vraie.

Et toi, où en es-tu ? As-tu soif d'être libérée de ce qui t'empêche d'avoir la vie que Dieu a prévue pour toi ? Si c'est le cas, prends une feuille et mets par écrit tes fautes, offre ta liste à Dieu et prépare-toi à t'en repentir.

Conseils de ta coach pour pratiquer la repentance

La pratique de la repentance devient pour nous de plus en plus fréquente au fur et à mesure que nous cherchons à mieux écouter Dieu sur le projet unique qu'Il a en réserve pour chacun et chacune de nous. Les exercices ci-dessous t'aideront à aller jusqu'au bout afin de faire de grandes enjambées sur le chemin de ta destinée.

Tourne-toi vers Dieu

Fais ce qui est nécessaire pour inviter Dieu à œuvrer en toi. Prends régulièrement des temps de prière et de méditation de la Bible. Suis une thérapie ou une relation d'aide chrétienne. Participe à une étude biblique, à des partages entre amies. Lis des livres. Ton Dieu t'aime et Il désire que tu réussisses ton projet de vie. Tourne-toi vers Lui. Demande-Lui de te conduire à un verset biblique, à une personne, dans une circonstance ou une activité particulière qui t'aideront à changer tes mauvais comportements.

Use de patience envers toi-même

Le verset « Le désir de faire le bien existe en moi, mais non la capacité de l'accomplir »[59] m'a été d'un grand secours ! Ce n'est pas une excuse pour continuer à pécher, mais il te rappelle d'user de patience envers toi. Ton Dieu sait combien c'est dur de changer de mauvaises habitudes. Souviens-toi qu'Il t'aime et qu'Il ne se met pas en colère si tu ne réussis pas du premier coup.

---

[59] Romains 7 : 18

Réfléchis aux conséquences de tes mauvais comportements

Pense à ce que ton péché peut entraîner. Tu risques de perdre ton emploi ou tes biens, gâcher ta réputation, briser ton foyer, ruiner ta famille, interrompre tes études, détruire ton amour-propre, éteindre ta passion ou ton espérance… Il peut même se répercuter sur les générations suivantes si quelqu'un t'imite et n'est pas capable de rompre un cycle d'abus ou de dépendance. Souviens-toi d'une mauvaise habitude dont tu t'es repentie. Quels ont été les effets visibles ou cachés de ta repentance ? Pense maintenant à l'un de tes comportements destructeurs actuels. Quelles conséquences négatives pourrait-il avoir ? Demande maintenant à Dieu de te pardonner ce péché et de te délivrer de son emprise. Mais le Seigneur m'a dit :

> *Mon amour te suffit. Ma puissance se montre vraiment quand tu es faible.*
>
> *2 Corinthiens 12 : 9*

Imagine les bienfaits de ta repentance

Si tu te repens, pense aux bienfaits qui en découleront. Imagine les relations plus intimes que tu pourras avoir. Considère le rôle de leader qu'on pourra te confier, les joies, la paix et la santé dont tu pourras jouir. Envisage aussi comment ton caractère et ta croissance spirituelle vont se développer.

Ensuite pense à l'un de tes mauvais comportements actuels et réfléchis aux bénédictions que tu risques de rater si tu ne t'en repens pas.

Accepte les reproches

Demande à Dieu qu'Il te fasse prendre conscience de tes mauvais comportements. Prie pour qu'Il te prépare à entendre et à accepter les corrections qu'Il t'adressera soit directement, soit par personne interposée. Attends-toi à ce qu'Il te parle dans des temps de méditation et de lecture de la Parole ou encore par l'intermédiaire d'une amie au cours d'une conversation.

Positionne-toi et dis « Non ! »

Pendant cette semaine, si tu es tentée de pécher, fuis ! Positionne-toi : ne présente aucune excuse. Ne regarde pas en arrière : fuis, un point, c'est tout !

Sois sincère envers toi-même concernant cinq mauvaises attitudes

Sers-toi de la liste ci-dessous pour reconnaître certaines de tes mauvaises tendances. Évalue dans quelle mesure tu es prête à coopérer à fond au projet de Dieu pour ta vie. Si nécessaire, demande l'opinion objective d'une amie.

CINQ PÉCHÉS OBSTACLES A CE QUE DIEU TE RESERVE DE MEILLEUR

- **La jalousie** : Es-tu jalouse ? de la richesse de tes voisins ? de ton amie dont l'époux est adorable ? de l'ampleur de la mission ou de la réussite d'une autre personne ?
- **La colère** : Es-tu en colère ? à cause d'une maladie ? d'un divorce ? d'une injustice ? de ne pas savoir ce que Dieu veut de toi ? contre les personnes qui font obstacle à la vision que Dieu t'a donnée ?
- **L'orgueil** : Aimes-tu attirer l'attention sur ce que tu fais ou tout contrôler ? te vanter de la mission que tu as reçue ? Refuses-tu de lâcher prise sur la direction que tu veux prendre ?
- **La désobéissance** : Est-ce que tu fermes ton oreille aux nécessiteux ? Es-tu trop occupée pour prier ? Négliges-tu ta famille pour accomplir ta destinée ?
- **La malhonnêteté** : Est-ce que tu mens ? tu triches ? tu voles ? tu détournes l'argent destiné à tes besoins quotidiens pour entretenir tes rêves ?

Fais la prière suivante

Fais un pas de foi, demande à Jésus qu'il t'aide à te repentir de tes mauvais comportements et à adopter les qualités demandées par Dieu.

Jésus, je Te donne	Je Te demande de me donner
mon orgueil	Ton humilité
mon impatience	Ta patience
mon désespoir	Ton espoir
ma colère	Ta joie
mon mauvais caractère	Ta douceur
mes mensonges	Ta vérité
mes luttes	Ta sérénité
mes doutes	Ta confiance
mon découragement	Ta persévérance

C'est maintenant le temps de te repentir

Veux-tu *te repentir et te détourner de toutes tes fautes ?* Prends courage : cette étape est difficile mais elle apporte beaucoup de joie. La Bible dit que les anges au ciel se réjouissent même pour un seul pécheur qui se repent.[60]

L'apôtre Paul écrit *: « Je me réjouis maintenant, non de votre tristesse, mais du repentir qu'elle a produit ».*[61]

Quand tu te repens de tes fautes devant Dieu, demande à une amie croyante en qui tu as confiance de t'accompagner dans ta repentance, de t'encourager et de se réjouir avec toi

.

[60] Luc 15 : 7, 10
[61] 2 Corinthiens 7 : 9

Éclairage biblique

LE CHOIX DE VIE DE LA SAMARITAINE :
SE REPENTIR ET SE DÉTOURNER DE TOUS SES PÉCHÉS

Laissons-nous interpeller par la Samaritaine - Jean 4 : 7-42

Jésus adresse la parole à cette femme pendant qu'elle vient chercher de l'eau au puits. Il lui dit qu'elle a eu cinq maris et qu'elle vit maintenant avec un homme qui n'est pas son mari. Dès qu'elle comprend qu'Il est le Messie du monde, elle se repent de sa vie passée et court annoncer Jésus aux habitants de son village.

Il se peut que ta repentance ne soit pas aussi radicale que celle de la Samaritaine, mais quel est le mauvais penchant contre lequel tu luttes ? Veux-tu t'en repentir maintenant et t'en détourner ?

LIVRES POUR APPROFONDIR

Bourguet Daniel - ***La repentance, une bonne nouvelle***

Monbourquette Jean - ***Comment pardonner, pardonner pour guérir, guérir pour pardonner***

Gray John - ***Comment obtenir ce que nous désirons et apprécier ce que nous possédons***

Questions personnelles pour progresser

1. Quand est-ce que tu te repens de tes fautes devant Dieu ?

2. Mets par écrit ce qui t'incite à te repentir. Voici quelques exemples

   - Savoir que Jésus m'a pardonné
   - Le reproche ou la correction d'une personne que j'aime et en qui j'ai confiance
   - Un verset biblique qui parle à mon cœur
   - Un livre qui explique pourquoi je suis attirée par un péché particulier et comment je peux l'éviter
   - Me faire prendre ; être dans l'embarras
   - Me concentrer sur un aspect constructeur : l'humilité, l'intégrité, l'encouragement…
   - Voir la laideur d'un péché spécifique dans la vie d'une autre personne

3. Quelles réponses à la question 2 vas-tu utiliser maintenant pour intensifier ton désir de repentance ?

4. Qu'est-ce que Dieu t'invite à faire pour que tu Lui offres l'une de tes faiblesses ?

5. Comment réagis-tu à ce verset : *« Débarrassons-nous donc de tout ce qui alourdit notre marche, en particulier du péché qui s'accroche si facilement à nous, et courons résolument la course qui nous est proposée. » Hébreux 12 : 1*

Chapitre 6

Sers avec humilité

Dès lors, si Je vous ai lavé les pieds, Moi, le Seigneur et le Maître, vous devez vous aussi vous laver les pieds les uns aux autres ; car c'est un exemple que Je vous ai donné : ce que J'ai fait pour vous, faites-le vous aussi... Sachant cela, vous serez heureux si du moins vous le mettez en pratique.

Jean 13 : 14-15, 17

J'espère que tu as très envie de découvrir la prochaine étape dans le projet spécial que Dieu a pour toi. Même si la repentance t'a présenté quelques défis, il était nécessaire que tu les affrontes avant d'attaquer l'étape suivante qui va lever la barre encore un peu plus haut. Mais n'aie pas peur, parce que ton parcours jusqu'ici t'a bien préparée. Alors allons-y et voyons où Dieu va te conduire.

À la vue de la pierre « *Servir avec humilité* », certaines d'entre nous éclatent en pleurs et gémissent. Campées sur un rocher à proximité, nous marmonnons que ce genre d'activité n'est pas pour nous. Mais rappelons-nous un fait indéniable : Jésus donne Lui-même l'exemple de ce qu'Il veut que nous intégrions et pratiquions. Il se retire pour prier son Père et poursuivre la paix (voir chap. 5). Nous ne pouvons pas laisser de côté l'exemple de Jésus quand Il lave Lui-même les pieds de Ses disciples. Il est aussi notre modèle et source d'inspiration en tant que serviteur. Il nous interpelle pour sortir de notre zone de confort et servir avec humilité. Quelles que soient nos plaintes face à l'exigence que représente l'étape du service, Dieu n'a jamais choisi de l'enlever. Cette pierre peu attrayante à nos yeux avec sa surface rugueuse et ses fentes est d'une très grande beauté au regard de Dieu. L'humble service ne fait pas partie de nos priorités, ni des succès populaires, mais il est dans le cœur même de Dieu.

Une exigence aux riches récompenses

Je sais, par expérience, que servir d'autrui peut nous pousser à crier de désespoir « Qu'est-ce que je fais ici ? Au secours ! », mais qu'il nous apporte aussi beaucoup de satisfactions et de récompenses. Selon mes observations, les femmes semblent avoir une disposition naturelle à se donner pour les autres, même si certains services peuvent provoquer un mouvement initial de recul. Au fait, aimerais-tu savoir ce que tu peux recevoir en servant les autres ?

Servir les autres nous donne des mini-buts pour chaque jour. Comme je l'ai expliqué au chapitre 3, si seulement j'avais su il y a des années que ces actes apparemment sans grande portée faisaient partie du plan de Dieu pour moi, j'aurais eu plus d'espoir !

En outre, servir humblement dans la vie quotidienne conduit souvent à servir dans un cadre plus large. Au regard de Dieu, aucun service, même insignifiant à nos yeux, n'est sans valeur ou ne passe inaperçu. J'ai entendu maintes fois que Dieu était intervenu pour étendre l'influence et le ministère des personnes qui le servent et lui obéissent fidèlement ! C'est à elles qu'Il confiera des tâches demandant une plus grande obéissance et Il accordera plus d'honneur, parce qu'elles suivent son exemple et vivent *« non pour être servi[es], mais pour servir ».*[62]

Le service fidèle nous apporte aussi le bienfait d'apprendre la compassion et la patience. Même si ce n'était que le seul bénéfice de cette étape, cela vaudrait la peine de la suivre.

---

[62] Matthieu 20 : 28

Dans notre partenariat avec Dieu au service d'autrui, nous apprenons encore à trouver en Lui la force et les capacités nécessaires pour nos missions particulières. En suivant les pas de Jésus dans le service, nous devenons de plus en plus semblables à Lui et nous mettons en pratique ce qu'Il enseigne dans sa Parole. Alors, nous connaîtrons la joie de rester fermes sur cette pierre et de servir quelle que soit la tâche qu'Il nous demande.

> *Observe ce que Dieu est en train de faire et rejoins-le dans son œuvre.* *
>
> *Henry Blackaby et Claude King*

Ne crains pas de faire des pas hésitants

Le but de Dieu est que nous devenions des servantes généreuses et obéissantes, prêtes à servir à tout moment, en tout lieu et dans n'importe quelle mission. Certaines missions nous iront comme un gant ; d'autres ne nous conviendront pas du tout, mais Dieu veut que nous Le servions de tout notre cœur quelle que soit la tâche. S'Il ne s'attend pas à trouver cette disposition dès nos premiers pas, Il compte toutefois que nous l'acquérions au cours de notre processus de maturité.

Je me rappelle que j'ai eu beaucoup de mal à commencer à servir dans mon église, car j'étais une « bonne » chrétienne satisfaite de rester centrée sur ma croissance et ma sanctification personnelles. Il m'a fallu un grand pas dans la foi pour devenir une servante de Jésus incarnant ses mains et ses pieds. La première fois que j'ai été sollicitée pour être de service d'accueil à la porte de mon église, je me suis sentie très mal à l'aise et prête à fuir ! Ce fut aussi difficile que mon expérience du camping ! Si vous êtes de celles qui raffolent de camper à la dure dans une tente minuscule au bord d'un torrent glacé, pardonnez-moi, mais j'en ai horreur. Passer des vacances à la dure signifie pour moi descendre dans un hôtel sans service en chambre ! En dépit de mon aversion, j'ai accepté une fois d'aller camper parce que « Ton fils de

---

* Henry Blackaby et Claude King, *Experiencing God*, Nashville : Broadman and Holman, 1994, 44. © de Broadman and Holman Publishers. All rights reserved.

deux ans veut que tu viennes », avait dit mon mari. J'ai survécu aux périls de la route de montagne, aux essaims d'abeilles, aux invasions de fourmis, aux piqûres de taons et au repas calciné sur le feu, mais quand notre berger allemand a malencontreusement pris mon orteil pour un poisson dans le torrent, c'en était trop ! Sans hésiter, j'ai braillé : « Sortez-moi d'ici ! Emmenez-moi au Hilton immédiatement ! Je me fiche de ce que veut mon fils ! »

Être de service d'accueil à l'église me convenait aussi peu que le camping ! N'étant faite ni pour l'un, ni pour l'autre, j'avais décidé qu'on ne pouvait forcer personne à rendre service ou à partir en vacances les nerfs tendus et l'estomac noué. Dieu a beaucoup de serviteurs qui ont un grand cœur pour l'accueil, tout comme il y a beaucoup de campeurs heureux ! J'ai vite cherché d'autres moyens de le servir. À l'époque, je ne savais pas si mon refus émanait de la logique divine ou était une excuse pour éviter de servir en dehors de mon espace de confort.

Niveau 1 : Servir dans ma zone de confort

Dieu nous incite d'abord à servir dans un domaine de notre choix, afin que nous nous habituions à l'idée de servir autrui : visites aux malades ou aux détenus, service de repas gratuits, collecte de vêtements, aide au secrétariat d'une paroisse… Nous découvrons les services qui correspondent à ce que nous aimons et à ce que nous savons faire. Nous nous rendons compte que servir est une joie et un privilège : comme une plante dans un bon terrain avec de bonnes conditions, nous connaissons la croissance et l'épanouissement.

Au début de ma vie chrétienne, je me suis investie dans divers services. À la chorale, je remarque pourtant que le chef de chœur ne me voit pas arriver d'un bon œil : est-ce à cause de mes bavardages incessants pendant les répétitions ou de mon incapacité à suivre la mélodie ? Je réalise ensuite que le service des visites aux personnes âgées à l'hospice est trop triste à mon goût et que le compte des collectes est trop exact pour moi !

Ces diverses tentatives me permettent de découvrir ce que j'aime faire : interviewer les gens, être le coach des personnes à la recherche de leur destinée, écrire et enseigner. Il n'est donc pas étonnant que je prenne les femmes de mon église en entretiens individuels, afin de les aider à discerner quel est le service auquel Dieu les appelle. Par la suite, je rédige, en équipe, le programme de la formation des formateurs dont le but est d'enseigner à d'autres comment conduire de tels entretiens. Dans l'obéissance, je fais les pas nécessaires pour trouver un service que j'aime. J'ai donc acquis le niveau 1 ! Mais qui veut se contenter de servir seulement dans un domaine où l'on se sent à l'aise et à sa place ? Pas moi, ni vous, car nous ne sommes pas des timorées spirituelles ! Nous allons donc reprendre courage, afin de passer au niveau supérieur.

> *Je ne me révèle qu'à ceux qui m'aiment et m'obéissent. Le Père aussi les aimera, et nous viendrons chez eux. Quiconque ne m'obéit pas ne m'aime pas.*
>
> *Jean 14 : 23-24*

Niveau 2 : Servir hors de ma zone de confort

Dieu nous demande parfois de servir dans un domaine bien au-delà de notre zone de confort ou de nos capacités. Par ce moyen, Il veut faire grandir notre foi ou nous enseigner des leçons qui nous seront utiles. Je vous avoue que l'envoi dans ce genre de mission me fait encore le même effet que d'entendre « allons camper » et provoque en moi une crise d'apitoiement sur « la pauvre martyre » que je vais devoir être ! Chaque fois, je me repens de mes réactions puisque je sais que si je désire profondément faire ce que mon Père attend de moi, s'apitoyer sur mon sort n'a pas lieu d'être.

Lors de mon voyage à Calcutta, Dieu me confie une tâche étrange qui ne m'attire pas du tout. Ma mère et moi faisons du bénévolat au Foyer pour Malades Mentales, en réalité un asile pour les parias. Après leur avoir servi un repas de lait, de fruits et de bouillie, je suis chargée de les distraire. Pleine d'enthousiasme, je leur apprends ma version personnelle de la gigue irlandaise, un mélange de polka et de cancan. Jusque là, tout va bien. Ensuite, l'une des missionnaires me tend un coupe-ongles et me demande de couper les ongles des doigts des malades. Désemparée, je m'efforce de trouver de l'assurance en me répétant : « Pas de problème, je peux y arriver ».

Je suis occupée à accomplir mon devoir plus ou moins à contrecœur quand, soudain, une malade plante son pied sur mes genoux et s'attend à ce que je lui fasse la pédicure. Ce pied est anormalement large ou bien mes yeux exorbités le voient plus large qu'il n'est ! Il est tout crevassé et noir de n'avoir pas porté de chaussures depuis des années. Levant les yeux, je reconnais le visage espiègle et le sourire édenté de l'une des femmes avec qui j'avais sympathisé dans l'après-midi. Elle m'a même chanté, en anglais, la chanson de Frank Sinatra : « C'est maintenant ou jamais ».

Est-ce l'humour de Dieu ? Est-ce pour moi « maintenant ou jamais » que j'apprends à servir là où Il m'envoie ? Tandis que, les yeux fermés, je rassemble le peu de force intérieure qu'il me reste, quelque chose d'extraordinaire m'arrive : je vois une image de Jésus en train de laver les pieds de ses disciples et j'en déduis que Dieu me souffle de laver les pieds de la femme. Trop contente d'obéir à Dieu et en plus d'avoir un pied propre sur ma jupe, je cours chercher de l'eau mais en vain : je n'en trouve même pas un verre ! Alors, reprenant courage, je lui coupe les ongles. Je me surprends même à fredonner une chansonnette pour enfants en jouant avec ses orteils !

> *Tu ne peux rien faire de grand : tu peux seulement faire de petites choses avec un grand amour.*
>
> *Mère Teresa*

Heureuse d'avoir obéi sur le champ dans une situation que je considère comme désagréable, je suis surprise de lire dans les yeux de ma malade tant de gratitude. Je réalise que grâce à moi Dieu la fait rire mais qu'Il me permet aussi de connaître la joie du service. Dieu se sert-Il de cette expérience pour me faire pressentir ce que Mère Teresa voulait exprimer en disant que son travail dans les taudis était *de la joie à l'état pur* ? Je me promets d'y réfléchir, quand je serai confortablement installée chez ma pédicure !

Je pousse un soupir de soulagement, satisfaite d'avoir fini de couper les ongles de ma malade, je lève les yeux et découvre, horrifiée, une queue interminable de clientes qui attendent en riant entre elles que je m'occupe de leurs pieds. J'ai beau taper sur ma montre, ce n'est pas l'heure de la sieste pour ces dames. Je me plains à voix basse à Dieu : « Sous la pression, j'ai accepté de couper les ongles des pieds d'une femme aujourd'hui ! En fait, Tu m'as même fait croire que ce serait un simple lavement de pieds facile à faire. Tu ne T'attends tout de même pas à ce qu'un cadre supérieur comme moi puisse avoir l'amour altruiste nécessaire pour couper les ongles des pieds à toutes ces malades mentales ? »

Saisie de vertige, j'ai des visions d'ongles crasseux qui m'agressent au lieu de voir les filles du Roi qui me bénissent de leurs rires et de leur reconnaissance. Un instant, je perds de vue que mon obéissance honorerait mon Dieu. Quand ma panique s'apaise, je réalise que mon après-midi sera consacré à la discipline de l'obéissance et à la prière silencieuse. « Maître, puisque tu me dis de le faire, je le ferai… ».

> *« Simon Pierre lui répondit : Maître, nous avons peiné toute la nuit sans rien prendre. Mais puisque tu me dis de le faire, je jetterai les filets. Ils les jetèrent donc et prirent une si grande quantité de poissons que leurs filets commençaient à se déchirer ».*[64]

Par la suite, j'ai prié en mes propres termes : « Mon Dieu, je ne veux pas seulement endurer les temps de service que Tu as prévus pour moi aujourd'hui, mais les apprécier. Quand Tu arranges pour moi des occasions de servir, je veux être Tes mains et Tes pieds. Apprends-moi à être Ton instrument. Aide-moi à être toujours disposée à accomplir la tâche présente, que ce soit à la maison, dans mon quartier, au sein de ma profession, à l'église ou en mission. Rappelle-moi que vivre pour Toi,

---

[64] Luc 5 : 5-6

c'est servir les autres et qu'être au service de son prochain, c'est vraiment vivre. »

Qu'en est-il de toi ? Il se peut que dans un avenir proche personne ne te demande de laver des pieds ou de couper des ongles, mais es-tu prête à te donner à fond et à servir là où Dieu te veut ?

> *La vie ne vaut la peine que si elle n'est pas vécue pour les autres.*
>
> *Albert Einstein*

Quand nous servons Dieu, Jésus nous dit : *« Vous êtes Mes amis si vous faites ce que Je vous commande ».*[65] Je reconnais que suivre les instructions de Dieu est souvent difficile et que nous sommes des êtres humains qui échouons parfois dans nos efforts pour devenir de fidèles servantes. Cependant, encourageons-nous mutuellement à nous souvenir que servir les autres est un acte d'obéissance envers celui qui est mort à la croix pour tous nos actes de désobéissance.

[65] Jean 15 : 14

Conseils de ta coach pour servir avec humilité

Prends tout le temps dont tu as besoin pour faire les exercices ci-dessous jusqu'à ce que servir avec humilité fasse naturellement partie de ta vie quotidienne. Quant à moi, j'y travaille encore jour après jour.

Saisis aujourd'hui une occasion de te donner

Demande à Dieu quelle occasion Il a prévue pour toi aujourd'hui afin que tu te donnes, que tu offres ton énergie, ton temps et/ou tes ressources. Puis sois prête pour l'occasion de service qu'Il va placer sur ton chemin. Que ce soit logique ou non, que ça t'arrange ou non, vas-y et sers là où Dieu a quelque chose à faire. Des expériences de services humbles et fréquentes, imprégnées de leçons de confiance en Dieu, sont un terrain d'entraînement pour le ministère et les plans de missions qu'Il a pour toi dans l'avenir. Dis à Dieu que tu veux qu'Il t'utilise où, quand et comme Il veut. Attends-toi à de merveilleuses aventures avec Lui !

Pense au long terme

Si tu entrevois déjà la mission que Dieu peut te confier plus tard, commence à servir dans cette direction-là. Que cette mission que tu reçois de Dieu s'effectue dans ton quartier ou un pays lointain, envisage la possibilité d'un service qui sera une préparation pour ton engagement à long terme.

Reste dans l'équilibre ; garde-toi une certaine marge

Dans cette étape, veille à ne pas dépasser la marque Plimsoll ! Ce n'est pas un terme théologique étrange, mais la ligne qui devait, par une loi du Parlement britannique, être tracée sur la coque des navires marchands afin qu'ils ne coulent pas sous une charge excessive. Toi aussi, connais bien tes limites. Ne surcharge pas ton emploi du temps par des engagements de services qui dépassent tes capacités.

Rappelle-toi que tu es la seule qui puisse empêcher ton navire de couler. Ne t'attends pas à ce que d'autres – ta famille, tes amis, tes voisins – t'empêchent de prendre sur toi une charge excessive. Par contre, ne te cache pas derrière toutes sortes d'activités pour te créer des excuses, afin d'éviter de servir. Élimine de ta vie tout ce qui pourrait te détourner d'une vie de service.

Sers avec tes dons spirituels

À l'aide d'une étude sur les dons spirituels,[66] identifie tes trois dons principaux. Fais un test. Mets-les en pratique et vérifie s'ils sont confirmés par ceux qui en bénéficient. Si tu as le don d'administrer, envisage de servir dans un comité d'organisation d'événements. Si tu as le don de miséricorde, fais des visites aux malades ou aux handicapés…

Essaie de marcher avec de nouvelles chaussures de service

Tu sais peut-être déjà comment Dieu t'a faite. Tu as suivi un parcours d'évaluation des dons spirituels ou un test de personnalité et tu es sûre que Dieu t'a donné un aperçu de la façon dont Il veut que tu utilises tes dons, ta personnalité, tes capacités, tes intérêts et tes expériences. Super ! Mais ne permets pas à tes découvertes de s'arrêter là ! Tu ne connaîtras vraiment le domaine de service que Dieu veut vraiment pour toi que si tu effectues une quantité d'essais.

Dès ses premiers pas, ma fille s'est amusée à clopiner dans la maison chaussée de souliers dépareillés : le pied droit dans une chaussure à talon haut et le pied gauche dans une sandale ! C'est très drôle de voir un enfant essayer des chaussures d'adultes ! Toi aussi, ouvre les placards des services de Dieu et essaie les chaussures qui s'y trouvent ! Fais quelques pas et accorde-toi la permission de tomber. Avec certaines chaussures, tu auras besoin de t'entraîner à marcher en dominant tes sentiments de peur ou d'incertitude ; tu développeras ainsi de nouvelles capacités et de nouvelles idées. Avec le temps, tu reconnaîtras les

---

[66] Christian A. Schwarz, *Découvrez vos dons* (voir bibliographie).

chaussures qui te vont le mieux, parce que c'est celles que Dieu a prévues pour toi.

C'est maintenant le temps de servir avec humilité

Dans ton parcours vers Dieu et vers le but qu'Il a pour toi, veux-tu progresser dans cette nouvelle étape, qui consiste à *servir avec humilité* comme Jésus ? Dieu t'appelle à Le servir. As-tu mis de côté tes choix personnels pour te rendre disponible dans les domaines où Lui-même est à l'œuvre ? Vas-tu saisir les occasions de te donner ?

Ce que tu as à faire dans cette étape est fort simple : parler moins de service et servir plus. Puisses-tu faire la prière suivante de tout ton cœur :

« Mon Dieu, aide-moi à apprendre la joie et la promptitude dans le service. Je ne resterai dans un service particulier qu'aussi longtemps que Tu le voudras. Dans Ta sagesse et selon Ton calendrier, pousse-moi à rechercher des façons novatrices et audacieuses de servir. »

Si tu veux être celle que Dieu utilise, ne tarde plus ! Avance !

Éclairage biblique

LE CHOIX DE VIE DE DORCAS :
SERVIR HUMBLEMENT

Laissons-nous interpeller par Dorcas - Actes 9 : 36-42

À la mort de cette femme dévouée, de nombreuses personnes se rassemblent dans sa maison parce qu'elles ont bénéficié de ses services.

Quel témoignage de service désintéressé veux-tu laisser ? Vas-tu suivre Dieu aujourd'hui dans ce qu'Il te demande ? Donne-Lui ta réponse dans une prière personnelle ou en faisant la prière ci-dessous par exemple :

« Mon Dieu, je sais que servir est une disposition du cœur, une attitude de disponibilité des pensées. Quand je Te permets d'ôter de mon cœur mes craintes et mon orgueil, je Te fais place dans ma vie. Bien que Tu sois riche, Tu T'es volontairement dépouillé par amour pour moi et Tu T'es fait l'humble serviteur de tous. Aide-moi à Te ressembler plus. »

LIVRES POUR APPROFONDIR

Schwarz Christian A. – ***Découvrez vos dons***

Wilkinson Bruce – ***Les secrets de la vigne***

Bobin Christian – ***Le Très-Bas***

Mahaney Carolyn – ***L'humilité, la vraie grandeur***

Questions personnelles pour progresser

1. De quelles façons réponds-tu aux occasions de service que Dieu te présente dans ta vie quotidienne ?

2. Qu'est-ce qui t'empêche d'accomplir certains actes de service ? Quelles solutions envisages-tu pour y remédier ?

3. Fais la liste de tous les services que tu te rappelles avoir rendus au fil des ans dans ton entourage, la société, ton église, ou à l'étranger. Indique dans la marge par un signe moins, ceux que tu as le moins aimés, et par un signe plus, ceux que tu as le plus aimés.

4. Quelles possibilités de service voudrais-tu examiner ? Et pour quelles raisons ?

5. Que peux-tu faire aujourd'hui pour avancer d'un pas sur la voie du service ? Téléphoner à une personne ? Rencontrer la coordinatrice d'un service de volontariat ? Te documenter ? suivre une formation ? … Ou simplement commencer de servir avec ce que tu as !

Chapitre 7

Vis dans l'intégrité

L'intégrité des femmes et des hommes droits les guidera, mais la ruse des perfides les ruinera.

Proverbes 11 : 3

Avance prudemment ! La pierre suivante « *Vivre dans l'intégrité* » est branlante : si, en surface, elle paraît large et plate, en dessous, elle vacille et n'est pas bien ancrée dans le lit du cours d'eau. Elle a même reçu le surnom de *Cheval à Bascule,* tant elle a provoqué de plongeons dans le courant ! Pour s'y poser, il faut prudence, prière et concentration. Afin d'éviter toute imprudence, arrêtons-nous et examinons-la attentivement. Notre intégrité détermine si notre participation aux desseins de Dieu pour nous est totale ou superficielle. Être authentique dans une intégrité sans faille nous lie au cœur même de Dieu. Commençons donc par clarifier le sens des mots intégrité et duplicité.

Intégrité et duplicité

On peut définir l'intégrité comme l'unité entre nos pensées et nos actes. Une femme intègre pense vraiment ce qu'elle dit qu'elle pense, elle ressent ce qu'elle dit ressentir et elle fait ce qu'elle dit qu'elle fera. Elle tient les promesses qu'elle fait. Ses mobiles sont purs. Elle est honnête, droite et authentique. Elle est *vraie* dans ses relations.

La duplicité, au contraire, est de la tromperie délibérée. Par la ruse et l'hypocrisie, elle est l'ennemie de l'intégrité. Une femme agissant avec duplicité a la capacité, comme un joueur de poker expérimenté, de transmettre des messages par ses paroles ou ses actes qui sont le contraire de ses pensées ou de ses projets. Si on voyait ce qu'elle a vraiment dans son cœur ou ses pensées, on serait surpris.

> *Il n'y a pas d'hypocrisie chez la personne intègre. On peut lui faire confiance, ses finances sont au clair, sa vie privée sans reproche, ses motivations pures.*
>
> *Charles Swindoll*

L'opposition entre l'intégrité et la duplicité paraît évidente ; pourtant, c'est ici que la face branlante de la pierre entre en jeu. En surface, tout semble pareil et la différence n'apparaît qu'après un examen attentif de ce qui se trouve sous les apparences. La vérité ne se voit qu'en évaluant les mobiles derrière les actes. Permettez-moi de vous en donner une illustration. Imaginons une femme du nom de Jeannette, passée maître dans la duplicité. Elle sait parvenir à ses fins tout en ne paraissant ni agressive ni autoritaire. Jeannette déteste fréquenter les collègues de son mari. Quand ils organisent une soirée à laquelle son mari aimerait qu'elle vienne, elle fait semblant de se préparer tout en dissimulant un alibi pour ne pas venir : « Je n'ai pas trouvé de baby-sitter ». En sortant son excuse à la dernière minute, non seulement elle obtient ce qu'elle veut, mais elle gagne en plus une auréole de mère dévouée ! Voilà de la duplicité de première classe !

Est-ce aussi grave que vous le dites ?

Dans le cas de Jeannette, son mari est probablement déçu. S'il se sent un peu seul au cours de la soirée réussie pour tous (y compris pour Jeannette !), personne ne souffre vraiment de la ruse de son épouse. Les collègues « comprennent qu'elle ne peut pas laisser ses enfants seuls, ce sont des choses qui arrivent, ils verront Jeannette la prochaine fois… » Toi et moi savons pertinemment qu'elle trouvera une autre excuse la fois suivante pour ne pas être avec eux. Alors où est le problème ? C'est simple : Dieu a la duplicité en horreur. Il ne veut pas que nous trompions les autres. Sa question n'est pas de savoir, s'ils vont souffrir en découvrant notre ruse, mais quelle est la volonté de Dieu sur nous : Dieu veut que nous vivions dans l'intégrité, que nos actes soient sincères et nos mobiles purs.

> *Je ne juge pas comme les êtres humains. Les gens font attention à ce qui se voit, mais moi, je regarde le fond du cœur.*
>
> *1 Samuel 16 : 7*

Dieu étant omniscient et omniprésent, il est impossible de Lui cacher nos motivations secrètes qui nuisent à nos relations avec Lui et avec les autres. Il a en horreur que notre mobile caché soit de manipuler une situation, contrôler une opinion, chercher à nous venger, créer des ennuis, mettre quelqu'un dans l'embarras ou nous faire valoir. Il sait que vivre dans la duplicité nous entraîne dans toutes sortes d'attitudes pernicieuses : tromperie, jalousie, calomnie, intrigues, malveillance, flatterie, perfidie, qui, selon la Bible, conduisent à notre destruction et à celle de nos relations. La duplicité et ses compagnes n'ont pas de place dans les desseins divins pour les femmes et les hommes qui aiment Dieu et le servent. Au cas où vous ayez encore des doutes sur ce que Dieu pense de l'intégrité et de la duplicité, relisez les paroles cinglantes que Jésus adresse à certains responsables tenus en haute estime à Son époque :

> *Malheureux êtes-vous, scribes et pharisiens hypocrites, vous qui ressemblez à des sépulcres blanchis : au-dehors ils ont belle apparence, mais au-dedans ils sont pleins d'ossements de morts et d'impuretés de toutes sortes. Ainsi de vous : au-dehors vous offrez aux hommes l'apparence de justes, alors qu'au–dedans vous êtes remplis d'hypocrisie et d'iniquité.*[67]

[67] Matthieu 23 : 27-28

As-tu des frissons en entendant Jésus parler de cette manière ? Moi, j'en ai ! Heureusement pour moi que je ne vis pas à l'époque où Jésus aurait pu révéler publiquement mes mobiles cachés ! Je le remercie de me les montrer en privé et de m'aider à vivre dans l'intégrité parce que je ne veux pas faire de faux pas et me retrouver hors course dans ma poursuite du but fixé par Dieu pour ma vie. Il veut aider chacune de nous à devenir une femme sincère et authentique à qui Il peut confier une mission passionnante. Pourtant, en dépit de notre vif désir de vivre dans l'intégrité, il est inquiétant de constater que des mobiles impurs s'insinuent rapidement dans nos intentions les plus nobles. Nous allons donc examiner plus en profondeur d'autres aspects de nos motivations et voir leur impact sur l'accomplissement de nos objectifs de vie.

Dieu n'est pas dupe

Dieu est spécialiste de la détection de mobiles apparemment innocents, mais en réalité centrés sur nous-mêmes. Ce sont des rationalisations perverses de nos comportements d'orgueil, de paresse, de méchanceté, de désobéissance, d'immoralité ou d'égoïsme. Par exemple, un don d'argent est fait à une œuvre caritative non pour aider les autres, mais pour se faire reconnaître. Examinons aussi le cas d'une femme qui fait continuellement à Dieu des prières de ce genre : « Mon Dieu, s'il Te plaît, révèle-moi le grand but de ma vie. Je Te promets que je m'attacherai à l'accomplir. » Mais Dieu connaît sa véritable motivation égocentrique : satisfaire sa curiosité. Il sait qu'une fois l'enthousiasme passé, cette femme ne persévérera pas dans le travail que demandera la mission qu'Il a prévue pour elle. Des motivations impures et égocentriques déplaisent à Dieu et contaminent les services que nous offrons à notre famille, notre entourage ou notre église. Dieu exprime son déplaisir, ici par le prophète Aggée :

Par vos attitudes égoïstes et votre cœur méchant, vous... avez contaminé vos sacrifices, et pas seulement eux mais aussi tout ce que vous avez fait comme « service » pour moi. C'est pourquoi tout ce que vous avez fait a échoué.[68]

Des paroles aussi fortes devraient nous ôter toute envie d'avoir de mauvaises motivations, pourtant, s'il nous arrive encore d'agir avec des mobiles impurs, nous pouvons nous en repentir et demander à Dieu de nous pardonner.

Dieu peut parfois même se servir de nos mauvaises motivations

Vous serez sans doute étonné/e d'apprendre que Dieu peut même se servir de nos mauvaises motivations. C'est ce qu'Il a fait, il y a quelques années pour ma fille Stéphanie et moi-même. Je voulais qu'elle m'accompagne à la maison de retraite et qu'elle chante. Devant mon insistance, elle a cédé contre son gré. Quelle qu'ait été ma tactique parentale de persuasion : « Tu me le dois bien » ou « Pas de discussion, je suis ta mère », afin de rester maître de la situation, Dieu lui a fait goûter à la joie de mettre dorénavant sa voix au service du peuple de Dieu et d'agir avec amour dans cette expérience.

Ne pas servir à contrecœur

Rendre service pour éviter d'avoir mauvaise conscience est une erreur très courante qui ralentira la réalisation de ton projet de vie. De nombreuses femmes ne s'en rendent même pas compte. Combien de fois, par exemple, avons-nous rendu un service, un sourire figé sur le visage, à cause de ces pensées obsédantes *il faut, je dois* ou *je devrais* ?

Si tu te surprends à prononcer ces mots en prenant une décision, il se

[68] Aggée 2 : 14-15

pourrait que ce soit pour toi un feu clignotant qui t'avertit de prendre le temps d'examiner tes motivations.

Je dois avouer que pendant bien des années, ma motivation principale était d'être à la hauteur de ce que les autres attendaient de moi. Je m'inquiétais de ce qu'ils diraient et je trouvais plus facile d'exécuter une certaine tâche à contrecœur, plutôt que d'être rongée pendant des heures par un sentiment de culpabilité, si je ne la faisais pas.

Un jour, pendant un temps de prière avec une amie, je me suis trouvée confrontée à ma véritable motivation. « Je sais que je *devrais* reprendre le catéchisme des petits, lui ai-je confié. Sincèrement, je n'en ai pas envie. Mais comme l'église a besoin de moi, je vais accepter ». « S'il te plaît » m'a répondu mon amie, « ne le fais pas *pour rendre service.* Nous voulons servir ces petits par amour pour Jésus et non par devoir. Pour essuyer les nez qui coulent, attacher les lacets et répondre à des millions de questions, nous recherchons quelqu'un qui se plaît parmi ces petits et met tout son cœur à leur apprendre que Jésus est mort pour les sauver ». La douce remontrance de mon amie m'a fait prendre conscience que je rendais service dans mon église à contrecœur et par sentiment de culpabilité. Étais-je trop fatiguée ou trop occupée avec mes propres enfants pour m'en rendre compte ? Peu importe, je savais que mon amie avait raison.

Quand j'ai compris que Dieu désire que je Le serve dans l'intégrité et avec des mobiles purs, j'ai revu mon approche concernant mes implications dans le bénévolat et j'ai éliminé de mon vocabulaire les *il faut, je dois* ou *je devrais.* Même s'il m'arrive de souffrir de rechutes, je sais dorénavant que mes attitudes et mes motivations sont très importantes pour Dieu. Je suis la preuve vivante que la bataille contre les mobiles impurs est aussi tenace que celle contre les kilos en trop !

J'espère que je ne jette pas la confusion. Au chapitre 6, j'ai parlé de la façon de servir Dieu là où Il le désire et quand Il nous appelle à effectuer diverses tâches, même si nous ne les apprécions guère. Cependant, quand tu n'arrives pas à accomplir avec l'amour de Dieu un service qui se présente à toi, il est vivement conseillé de t'arrêter. Servir à contrecœur par devoir ou par culpabilité risque de faire souffrir quelqu'un et de donner une mauvaise représentation de l'évangile. Il vaut mieux alors changer de direction et sa façon de servir.

Plus qu'une obligation humaniste

Pendant des années, un jeudi soir sur deux, j'ai écouté mon fils prononcer le serment « faire mon devoir envers mon pays et obéir à la loi des scouts » aux réunions de sa troupe. À force de l'entendre, j'ai été curieuse de connaître les mobiles des personnes qui font du volontariat : est-ce par devoir, par un sentiment d'obligation, de responsabilité, ou pour d'autres raisons ?

Mes rencontres de plus en plus fréquentes avec des bénévoles non-chrétiens me révèlent certaines de leurs motivations : la crainte d'un mauvais karma, un sentiment de bien-être, faire du bien... Je décide donc d'interviewer le docteur Roger Sperry, lauréat du prix Nobel en Médecine/Physiologie pour sa découverte de la théorie des cerveaux droit et gauche. Comme c'est un humaniste réputé, je veux savoir quelle logique scientifique sous-tend, selon lui, le désir de servir chez les êtres humains.

Mon interview est mon premier face à face en direct avec certains principes fondamentaux de l'humanisme séculier. La principale préoccupation du docteur Sperry est que la terre est devenue pratiquement inhabitable. Les causes en sont : l'accumulation des armes nucléaires, l'explosion démographique, la diminution de la couche arable, la destruction de la couche d'ozone et la disparition des forêts équatoriales. Selon lui, se soucier du sort d'autres êtres humains et répondre à leurs besoins doit trouver sa source dans un système de valeurs scientifiques.

Dans ce système, le service reste l'un des seuls moyens pour assurer la survie de l'espèce humaine et de la terre.[69] Je sais déjà que de nombreux organismes biologiques secourent des membres de leur espèce. L'abeille travaille sans relâche pour assurer la survie de la ruche. L'épinoche mâle se passe de nourriture, presque jusqu'à en mourir, pour protéger le nid et ses futurs occupants. Mais qu'en est-il des êtres humains ? Ne peut-on pas s'attendre à ce que nous donnions au-delà de ce que fait l'espèce animale ? Et que dire des chrétiens ? Jésus ne nous donne-t-il pas une ligne directrice spécifique pour notre motivation quand il prêche : *« Comme je vous ai aimés, aimez-vous les uns les autres ».*[70]

À l'écoute des raisons « scientifiques » formulées par le docteur Sperry, je réalise que je suis souvent motivée par le souci de remplir des obligations ou d'assumer des responsabilités, plutôt que de démontrer l'amour de Jésus. Je me rends compte que, tout en professant que je crois en Dieu, j'ai, par moments, des mobiles issus d'un état d'esprit humaniste. Cette interview me conduit à un examen approfondi de mes motivations.

Nos motivations sous la loupe

Nous tombons si facilement dans la duplicité ! Certes, il peut arriver que ce soit notre choix délibéré, mais en général, les personnes qui s'attachent à poursuivre leur projet de vie ne se rendent même pas compte de l'impureté de certaines de leurs motivations parce qu'elles n'ont pas l'idée de les examiner.

> *Vous pouvez penser que tout ce que vous faites est bien, mais c'est l'Éternel qui apprécie vos motivations.*
>
> *Proverbes 16 : 2*

Comment devenir une femme intègre ? Il est important de faire un examen approfondi de nos motivations pour tout ce que nous faisons : relation d'aide,

[69] Entretien personnel avec le docteur Sperry au California Institute of Technology, Pasadena, California, 19 octobre 1987.
[70] Jean 13 : 34

participation à un comité, bénévolat à l'école, visites, etc. Est-ce que je veux faire impression ? Éviter la honte ? Me faire plaindre ? Obtenir l'approbation ? Accomplir un devoir ? Nous évaluons nos mobiles en nous posant régulièrement la question : « Pourquoi est-ce que je le fais ? »

Cette évaluation peut susciter en nous des interrogations qui nous remettent profondément en question. Je désire que Dieu me révèle la mission de ma vie mais est-ce pour m'en vanter ? À la réunion de prière, j'ai intercédé pour ma voisine : le commérage était-il mon véritable mobile ? Ai-je utilisé la flatterie pour aboutir à mes fins aujourd'hui ? J'ai acheté un cadeau onéreux pour mon enfant : la raison sous-jacente est-elle la culpabilité que je ressens parce que je ne passe pas assez de temps avec lui ? « Stop ! » me dites-vous. « Je ne suis quand même pas aussi mauvaise que vous le supposez ! » C'est vrai, mais aucune de nous n'est à l'abri d'erreurs qui nous font perdre la bonne direction.

En sondant notre cœur par ces questions introspectives, et parfois douloureuses, nous apprenons à être vraies avec nous-mêmes et notre caractère s'affermit. Quand nous découvrons des zones de duplicité et que nous faisons des pas vers l'intégrité, nous approfondissons notre relation avec Dieu et reprenons notre marche vers notre destinée alignée sur son cœur intègre et aimant. Évidemment, nous n'avons pas besoin d'analyser nos motivations pour un grand nombre de tâches comme le ménage, le repassage... Il faut qu'elles soient faites, mais nous avons le choix de les accomplir avec amour ou à contrecœur.

L'impact de l'intégrité

Quand nous décidons de devenir intègres dans nos motivations, nous changeons, non seulement dans notre façon de penser, mais aussi dans nos actes, nos paroles, nos prières et notre service. Une femme intègre peut se regarder dans le miroir et dire : « Je suis qui je dis être ». Elle peut relever la tête et regarder les autres dans les yeux. Elle n'a pas de mauvaises intentions afin de profiter de quelqu'un, s'en protéger ou le manipuler. Plus besoin de se cacher, de faire semblant, de s'épuiser à dissimuler des motivations secrètes et des ambitions égoïstes ! Avoir l'esprit tranquille est une grande récompense. En vivant dans l'intégrité, tu présentes un modèle à tes enfants, tes amis, tes voisins et à toute personne qui a besoin de trouver un exemple d'authenticité et d'honnêteté. Les mensonges, la tromperie, l'hypocrisie n'ont plus lieu d'être chez toi. Tu seras celle qui expliquera à ton adolescent pourquoi il ne doit pas se servir de son copain à des fins personnelles. Tu auras le privilège d'avertir l'amie qui se laisse tenter par « une magouille » pour s'enrichir rapidement. Tu seras la lumière qui rappellera aux membres surmenés de ton équipe qu'il faut se reposer et que Jésus est la raison de notre service.

Retour sur mes motivations à Calcutta

> *Adore Dieu [sers-Le] d'un cœur sans partage et d'un esprit bien disposé, car l'Éternel regarde jusqu'au fond des cœurs et Il discerne toutes les intentions.*
>
> *1 Chroniques 28 : 9*

Dans mes efforts persévérants pour vivre dans l'intégrité avec Dieu, je décide de ré-examiner ce qui a motivé mon voyage à Calcutta. Je sais que la tristesse, la solitude, la confusion des pensées, l'ennui et la recherche de réponses à mes questions existentielles ont été mes principales motivations. Mais ce que j'ai écrit dans mon journal me permet d'en retrouver d'autres. Si je me convaincs moi-même d'entreprendre ce voyage pour servir comme missionnaire au grand cœur, je reconnais honnêtement que j'ai été poussée par la curiosité, le désir d'interviewer, d'enquêter et d'observer.

Les aléas de la vie m'ayant éloignée de certaines de mes fonctions, j'étais en manque d'excitation, de passion, de ce qui fait battre le cœur et monter l'adrénaline. Je désirais aussi provoquer l'étonnement, être à nouveau reconnue, admirée et attirer les regards sur moi.

Cette mise au point me fait comprendre pourquoi j'ai éprouvé un sentiment d'échec à mon retour. Même si mes mauvaises motivations n'en sont pas la cause, elles ont néanmoins provoqué beaucoup de stress chez moi et chez les autres. Par la suite, j'ai appris l'importance cruciale d'essayer de clarifier mes mobiles avant de servir.

Conseils de ta coach pour vivre dans l'intégrité

Vivre dans l'intégrité nécessite de prendre tout le temps dont tu as besoin pour faire les exercices ci-dessous. Ils t'aideront à évaluer ton niveau d'intégrité et à faire le tri dans tes motivations.

Prends conscience d'un de tes actes de duplicité

Demande à Dieu de te rappeler une occasion précise où tu as agi avec duplicité comme Judas : une conversation téléphonique dissimulant ta colère sous une voix mielleuse pour paraître calme ? Une proposition de prière pour impressionner les autres ? Une excuse valable pour justifier une faute ? Attache ta ceinture, car le rappel peut provoquer des secousses !

Ensuite, comme tu le fais avec tout autre péché, confesse-le à Dieu et repens-toi. Avouer un mobile impur peut être humiliant, mais la grâce divine est toujours présente. Si ta vie est fragmentée à cause de ta duplicité et tes mensonges, fais confiance à Dieu qui attend que tu Lui en parles. Laisse-Le te transformer et redonner de la plénitude à ta vie.

Apporte tes mobiles impurs à Dieu

Cette semaine, réserve-toi un moment dans ton emploi du temps pour présenter à Dieu tes mobiles impurs en rapport avec tes objectifs et ton projet de vie. Si tu es fréquemment poussée par des mobiles impurs : pitié de soi, avantages ou récompenses, apporte-les à Dieu pour qu'Il t'en libère. Tu seras ainsi mieux équipée pour accomplir les desseins de Dieu avec intégrité.

Réconcilie-toi avec une amie

Avec une amie, discutez en détail de vos mauvaises motivations. Soyez vraies dans vos échanges pour reconnaître vos luttes et vos faiblesses. Imposez-vous des limites. Si nécessaire, prenez une tierce personne comme témoin de votre repentance. Demandez à Dieu de vous aider dans vos nouveaux engagements d'authenticité.

Réponds franchement aux questions suivantes

Es-tu intègre dans tes motivations pour demander à Dieu de te donner un projet de vie ? Désires-tu une mission pour accroître ta réputation ou ton influence, alléger ta solitude, gagner ou amasser de l'argent ? En quoi tes motivations diffèrent-elles de celles que Dieu voudrait voir chez toi : manifester tes dons, offrir ta particularité, aimer comme Dieu aime ?

C'est maintenant le temps de vivre dans l'intégrité

Vas-tu avancer dans cette nouvelle étape qui est de *vivre dans l'intégrité et non la duplicité* ? Vivre de façon intègre et authentique est exigeant, mais Dieu désire que nous franchissions cette étape. Il se peut que tu n'aies pas pensé jusqu'ici à évaluer ton intégrité et tes motivations si tu n'as jamais reçu d'enseignement à ce sujet. Il se pourrait que ce soit une des raisons pour la mise en attente de ta mission. Cependant, ne t'inquiète pas, car tu peux y remédier dès maintenant en analysant tes motivations.

Es-tu prête à devenir une servante consacrée et intègre ? Désires-tu vivement faire le tri du bon et du mauvais dans tes pensées et tes actes ? Commence aujourd'hui à prier pour vivre avec plus d'intégrité ! Ne laisse pas la journée s'achever sans avoir reconnu devant Dieu l'une de tes mauvaises motivations. Ne te couche pas sans t'être engagée à changer ce que tu sais maintenant qu'il faut changer. Si tu le fais, je suis convaincue que tu vas t'endormir en poussant un grand soupir de soulagement !

Éclairage biblique

LE CHOIX DE VIE DE MYRIAM :
TIRER LES CONSÉQUENCES D'UN MANQUE D'INTÉGRITÉ

Laissons-nous interpeller par Myriam, la sœur de Moïse - Nombres 12

Myriam, sous le couvert d'une remarque justifiée au sujet de la femme de Moïse, cache sa jalousie envers son frère. Elle jette le discrédit sur lui pour se sentir mieux et amener les Israélites à avoir moins d'estime pour leur chef. Dieu la reprend sévèrement.

As-tu secrètement une motivation impure ? Si tu n'en trouves point, ose prier comme David : *« Sonde-moi, ô Dieu, et connais mon cœur ! Éprouve-moi, et connais mes pensées ! Vois donc si je prends le chemin périlleux, et conduis-moi sur le chemin de toujours ». (Psaume 139, 23-24)*

LIVRES POUR APPROFONDIR

D'Ansembourg Thomas, ***Cessez d'être gentil, soyez vrai***

Pacot Simone, ***Ose la vie nouvelle : les chemins de nos Pâques***

Katz Arthur, ***L'Authenticité : un défi, une espérance***

Questions personnelles pour progresser

1. Pense à une occasion où le manque d'intégrité t'a entraînée dans toutes sortes d'iniquités secrètes : tromperie, jalousie, calomnie, intrigues, mensonges, malveillance, flatterie, perfidie, duplicité, vanité, suffisance…

   Parle ouvertement à Dieu de ce que tu ressens maintenant à ce sujet. Demande-Lui de te pardonner si tu ne l'as jamais fait jusqu'ici.

2. Oswald Chambers, dans son livre « Tout pour qu'Il règne » nous demande d'examiner nos motivations pour le service. Il nous demande si nous servons vraiment par reconnaissance pour ce que Jésus a fait pour nous.

Vous êtes-vous épuisés à servir Dieu ? Il est temps de renouveler et de rallumer vos désirs et vos affections. Examinez sincèrement vos raisons pour servir Dieu. Vos motivations proviennent-elles de vos besoins personnels ou sont-elles poussées par la Rédemption de Jésus-Christ ?[71]

Qu'en est-il de toi ? Quelle est ta motivation principale pour le service ? Demande-toi pourquoi tu sers et réfléchis sérieusement. Pense à la compassion et à l'humilité de Jésus quand Il servait les autres et surtout médite sur Son acte d'amour à la croix.

3. Pour vivre dans une plus grande intégrité, prends le temps d'examiner tes mobiles pour tes actions habituelles : faire un don, présenter une requête de prière, aller à une rencontre amicale, aider une personne, soutenir une organisation, donner un enseignement, aider à l'église, faire un gros achat….

---

[71] Traduction de l'anglais. Oswald Chambers, *My Utmost for His Highest*, Westwood : Barbour & Co, 1963, 145.

4. Dans ton journal, trace deux colonnes comme ci-dessous et inscris tes réflexions :

Mes bonnes motivations	**Mes mauvaises motivations**

5. Quelles réflexions tes réponses à l'exercice 3 t'inspirent-elles ? Confesse à Dieu toute duplicité et demande-lui de déposer en toi l'amour de l'intégrité.

Chapitre 8

Tends vers ce que ton cœur désire

Trouve ta joie dans le Seigneur, Il te donnera ce que ton cœur désire.

Psaume 37 : 4

Un grand nombre de femmes arrivent avec soulagement à la huitième pierre « *Tends vers ce que ton cœur désire* ». On se surprend même à fredonner une mélodie et à louer Dieu quand, soudain, une impression de mal être incompréhensible nous envahit. Cette étape peut, en effet, révéler en toi des sentiments contradictoires. D'un côté, tu as envie d'aller d'un bond sur cette pierre dans ta hâte de découvrir ce que Dieu a en réserve pour toi ; de l'autre, tu crains d'être déçue. À la pensée de recevoir ce que ton cœur désire, tu es prise d'une grande joie que tu étouffes bien vite par ce raisonnement : « *Dieu ne va probablement pas me donner ce que je veux vraiment* ». L'inquiétude te saisit : « *Et si cette pierre n'était pas de Dieu mais un piège du « malin » pour que je sois tentée de désirer des valeurs et des récompenses de ce monde ?* »

Tu as peut-être d'autres appréhensions. Si tu es sincère avec toi-même, tu penses sans doute que tes désirs profonds se portent davantage vers ta sécurité et ton bonheur, plutôt que vers les desseins de Dieu et ta sanctification. Ou encore, il se peut que tu te juges indigne de recevoir tes attentes sur cette terre.

Ce qui te passionne est un don de Dieu

Rassure-toi : cette huitième pierre est aussi fiable qu'elle en a l'air. Le psalmiste David exprime cette certitude au Psaume 37, verset 4 :

> *Si, au fond de ton cœur, Dieu est l'objet de ta plus grande affection, autrement dit, si tu te réjouis d'une très grande joie dans la présence de Dieu, si tu trouves un immense plaisir à mieux le connaître en restant dans Son intimité et en Lui obéissant. Il te donnera les désirs de ton cœur, en d'autres termes tu recevras un enthousiasme illimité pour les passions profondes, les envies, les soupirs, les désirs, les aspirations qu'Il a Lui-même déposés dans ton cœur.*

Dieu veut que tu aies ce que ton cœur désire, pas les désirs humains qui t'incitent à t'éloigner de Lui,[72] mais de saints désirs car tu es Sa fille. Sais-tu pourquoi ? Parce que notre Dieu est Lui-même un Dieu de passion qui a de profonds élans de cœur envers Sa création. Il t'a créée de façon à ce que tu trouves ton plus grand bonheur en étant éperdument éprise de Lui. Avant que tu ne naisses, Il a déposé en toi le désir de Le glorifier, d'accomplir Ses projets et Ses objectifs. La vie de Jésus, le Fils parfait de Dieu, illustre magnifiquement ce que Dieu veut pour nous. Quand Jésus vivait sur terre, c'était un homme de passions. Il brûlait d'ardeur pour l'œuvre de Son Père et captivait les foules par Ses messages audacieux et passionnés. Tout ce qu'Il faisait glorifiait Dieu. Des multitudes Le suivaient et la vie de beaucoup était transformée par l'amour profond et ardent qu'Il leur portait.

Peux-tu faire le pas de voir en Dieu un Père plein d'amour, ton *Papa*[73] qui veut te surprendre et te réjouir en te donnant ce que ton cœur désire ? Je t'invite à méditer. Dieu attend avec impatience que tu découvres son cadeau : les passions qu'Il a tendrement déposées en toi. Tu en auras besoin pour être restaurée et accomplir Son œuvre, ta mission sur Terre.

---

[72] Jacques 1 : 14

[73] Romains 8 : 14-16

Découvrons le cadeau de Dieu

> *Que fais-tu avec tant de joie que tu le ferais même sans être payée ? Quelle est ta passion, l'étincelle qu'une brise légère suffit à transformer en un feu dévorant ?**
>
> *Bob Buford*

Nos passions sont le reflet de nos désirs profonds et peuvent révéler nos motivations cachées. L'amour de l'art ou de la musique reflète notre soif de beauté ; la recherche de la liberté ou de l'aventure exprime notre besoin d'absolu ; le goût des mots croisés ou des enquêtes policières peut montrer que je suis motivée par la résolution de problèmes. La passion peut être si puissante qu'elle nous emmène dans un monde fascinant où le temps semble s'arrêter.

Pour t'aider à prendre conscience de tes désirs profonds, scanne rapidement les étapes de ta vie. Dans ton enfance, qu'est-ce qui te passionnait : lire des romans policiers, t'occuper d'un animal, dessiner ? Dans l'adolescence, était-ce l'écologie, le volley-ball ou tes résultats scolaires ? À l'âge adulte, veux-tu passionnément avoir un enfant, aider les pauvres ou enseigner le français comme langue étrangère ? Qu'as-tu fait de tes passions ? Dieu veut que tu les utilises pour qu'elles servent à Sa gloire et à la réalisation de Ses desseins.

Voyons plus en détails comment les désirs de ton cœur peuvent se révéler. Ta plus grande passion se manifeste-t-elle sous la forme d'un passe-temps : les poupées miniatures, le basket-ball, les chevaux ou l'informatique ? Se révèle-t-elle dans ta profession par le goût pour le droit, la vente, la médecine ou la littérature ? Se voit-elle dans ton bénévolat auprès d'un groupe ou d'une cause spécifique : les mères célibataires, les détenues, les animaux en danger, la pauvreté ou l'analphabétisme ? S'exprime-t-elle dans l'enseignement sous une forme ou une autre : un cours de gymnastique, de langue étrangère ou de désintoxication ? S'accomplit-elle au mieux dans ce que tu aimerais

* Bob Buford, *Halftime : Change Your Game Plan form Success to Significance*, Grand Rapids : Zondervan, 1994, 81.

apporter à la société dans l'éducation ou la politique ? Ou encore est-elle liée à ton style de vie, à ton profond désir de te marier, de voyager, de vivre en ville ?

Vivons avec passion

> *La réussite [on pourrait dire : la passion], c'est quand tu sautes du lit le matin, qui que tu sois, où que tu sois, quel que soit ton âge, parce que ce qui t'attend dans la journée est plus grand que toi : tu y crois, tu y excelles, tu as hâte d'y travailler. Même si on t'offrait plus d'argent ailleurs, tu ne partirais pas, parce que pour toi rien au monde n'a plus de valeur que ce que tu fais.**
>
> *Whit Hobbs*

Les passions que tu découvres en toi sont les cadeaux de Dieu pour que tu mènes une vie de plénitude qui s'aligne sur Ses projets. Le temps est venu pour toi de laisser tomber l'apathie et l'ennui, afin de profiter de la vie avec enthousiasme et entrain. Ris, danse et goûte à ce qui fait vibrer ton cœur.

Quand tu as l'assurance que Dieu a placé de bons désirs dans ton cœur, tu n'as plus peur que ce que tu as envie de faire soit hors de Sa volonté. Vivre selon les désirs de ton cœur n'enlèvera pas les épreuves, les obstacles et les défis, mais tu découvriras une richesse de vie que tu ne soupçonnais pas.

Les questions qui t'obsédaient deviennent obsolètes : *Pourquoi Dieu permettrait-il à la « mauvaise » femme que je suis de faire ce qu'elle aime ? Et si Dieu n'approuvait pas mes désirs profonds ? Et si je devais faire une tâche désagréable au lieu d'un projet qui me plaît ?* Tu trouveras au travers de tes passions un rêve à réaliser, une destinée à accomplir.

---

* Whit Hobbs, *I Love Advertising*, New York : Adweek Books, 1985, 14-15.

En outre, cette étape fait grandir ta soif de Dieu. Quand tu comprends que Celui qui t'a tissée dans le ventre de ta mère a aussi déposé dans ton cœur ce qu'Il désire pour toi, tu peux le louer d'avoir fait de toi un être unique et irremplaçable. La réalisation de ce qu'Il a investi en toi te motive à l'aimer davantage : Dieu Lui-même devient ta passion suprême.

La passion en action

Depuis des millénaires, Dieu se sert de la passion de nombreuses femmes dans l'accomplissement de Ses desseins : celle de Myriam pour le chant,[76] de Dorcas pour la couture,[77] d'Anne pour la prière et le jeûne.[78] Pensons à Ruth qui, dans son désir passionné d'avoir une famille[79] se remarie après son veuvage, devient l'arrière-grand-mère du roi David et entre dans la généalogie de Jésus !

Je connais beaucoup de femmes qui consacrent leur passion au service de Dieu. Je vous en présente quelques-unes. Passionnée de motos, Jeanne a créé un club dans lequel son mari et elle organisent des sorties pour rencontrer des motards et leur parler de Jésus. Denise, dans son amour pour les Asiatiques, conduit des voyages missionnaires en Chine. Passionnée de justice, Mary fait du bénévolat dans une maison pour victimes d'abus. La passion du piano amène Doris à animer la louange à l'église, tandis qu'avec son inclination pour la couture, Mélanie dirige un groupe de confection pour personnes âgées à qui elle raconte des histoires bibliques. Le rêve de Cathie est de restaurer une ancienne résidence et d'en faire un centre de repos pour des couples pastoraux.

---

[76] Exode 15 : 20-21
[77] Actes 9 : 39-40
[78] Luc 2 : 36-37
[79] Ruth 1 : 16-18

Quand la passion s'est refroidie

En lisant ce chapitre, tu réalises peut-être que la passion qui brûlait en toi autrefois s'est refroidie et que tu n'es pas sûre de pouvoir la retrouver. D'abord, ne t'inquiète pas. Nous passons toutes par des saisons d'oubli, de sécheresse ou de mises en veilleuse de nos passions. Mon amie Terri, passionnée de photographie en noir et blanc, a dû récemment délaisser ce qui faisait sa joie à cause de ses obligations familiales et de son travail. Elle espère que ce ne sera que pour un temps et que sa passion se rallumera quand les circonstances le permettront.

Dieu sait que tes devoirs et tes engagements t'obligent parfois à mettre certaines de tes passions en attente. Il voit que la peur, la culpabilité, la fatigue, une rupture ou de lourdes responsabilités ont étouffé les désirs de ton cœur. Tu es peut-être tellement accablée en ce moment que tu n'oses même plus penser à ce qui te fait plaisir. Alors tourne-toi vers Dieu : demande-Lui qu'Il te guérisse et te fortifie. Fais-Lui confiance afin qu'au moment approprié, Il te fasse sortir de ce passage à vide pour que tes passions et tes joies revivent.

Quand la passion s'éteint

L'une de mes clientes découvre un jour qu'elle n'a plus envie de s'adonner à sa passion du ski nautique à laquelle elle consacre tous ses week-ends depuis deux étés. Surprise de ce manque d'intérêt, Debbie essaie encore une ou deux fois mais sans succès. Qu'est-ce qui provoque ce brusque changement ? Est-ce l'âge ? Debbie vient d'avoir trente et un ans… Cependant, après quelques entretiens, nous découvrons que la cause de la disparition de sa passion est plus complexe. Fière de ses excellentes performances et heureuse de l'admiration de ses amis, Debbie se sentait totalement comblée par sa passion. C'est si gratifiant d'exceller dans un domaine qu'elle ne cherchait rien de plus que le plaisir personnel qu'elle en retire. Pourtant, il n'est pas étonnant que sa passion se soit éteinte, parce que Debbie ne l'a pas connectée à sa recherche personnelle de Dieu et à des objectifs divins pour sa vie.

Après la disparition de sa passion, elle se demande pourquoi elle ne ressent que vide et ennui. Elle me pose la question : « Que dois-je faire de ma vie maintenant ? »

Comment remplir le vide existentiel ?

La question de Debbie révèle que la passion est essentielle pour vivre. Quand nous ne reconnaissons pas celle que Dieu nous donne, nous sommes vulnérables à des influences malsaines. Dans ses écrits, Viktor Frankl parle du « vide existentiel ». Il relève aussi un état spécifique qu'il appelle « la névrose du dimanche », sorte de dépression qui gagne les personnes quand elles ne sont plus préoccupées par le travail de la semaine. Il décrit les dangers inhérents à une vie dénuée de désirs : « Ces personnes ont la hantise de reconnaître leur vide intérieur… De nombreux suicides sont causés par le désespoir et le vide existentiel… La généralisation de phénomènes comme la dépression, l'agressivité et la dépendance ne s'explique que par l'existence d'un vide existentiel sous-jacent ».[80]

L'absence de passion peut rapidement devenir dangereuse. Certaines personnes vont tenter de combler leur vide existentiel par des passions destructrices : jeux d'argent, alcool, toxicomanie, pornographie, excès de table, dépenses ou activités érotiques … D'autres essaieront de le remplir par des excitants apparemment inoffensifs mais néanmoins néfastes : garder la télévision allumée toute la journée, faire constamment les magasins, passer tout son temps à téléphoner ou à nettoyer… Si nous voulons répondre aux désirs profonds de notre cœur et découvrir les desseins de Dieu pour nous, résistons à la séduction des mauvaises passions. Une parole d'avertissement : il est important d'exercer du discernement au sujet de ces mauvaises passions. Elles cachent parfois le besoin de calmer ou de fuir une profonde souffrance émotionnelle. Elles peuvent être liées à un besoin de domination, de gratification immédiate, de prise de risques ou provenir du sentiment de

---

[80] Viktor Frankl, *Man's Search for Meaning*, 111-112.

« l'avoir mérité, d'y avoir droit ». Néanmoins, dans la majorité des cas, elles ne sont que des tentatives de remplir un vide existentiel que seul Dieu peut combler en donnant à notre vie sens et direction. Si tu as des luttes dans ce domaine, dis à Dieu que tu veux recevoir les passions qu'il veut t'inspirer ; tu pourras alors résister aux passions destructrices qui te séduisent. En changeant d'objectif, tu découvriras ce qui remplira ta vie de joie et ne te laissera plus de temps pour ce qui t'est néfaste.

Que la période que tu vis actuellement soit pleine ou dépourvue de passions, il est important que tu évalues tes choix en prenant en compte les valeurs auxquelles tu tiens, ta vie de famille et ta foi. Dans la prière et l'examen de ton cœur, tu reconnaîtras si tes passions s'alignent ou non sur les priorités que Dieu t'a données.

Sois dans l'expectative de ce que Dieu va faire

Le projet de vie que Dieu nous offre englobe généralement plusieurs de nos passions. Dans mon cas, j'ai à cœur la place des femmes, je dévore les romans policiers de Sherlock Holmes, je ne me lasse jamais de faire des puzzles, j'ai soif du sens de la vie et je suis passionnée de voyages. Dans Son immense amour, Dieu m'a confectionné un projet de vie qui me convient parfaitement : j'aide les femmes à résoudre les mystères de leur vie et à placer les pièces de leur puzzle existentiel en les encourageant à réfléchir sur leurs objectifs actuels et à long terme. De plus, en tant que conférencière, je voyage partout dans le monde.

Est-ce que tu comprends maintenant pourquoi il est important que tu reconnaisses les désirs de ton cœur et que tu les intègres à ta vie quotidienne ? Demande à Dieu qu'Il te révèle les passions et les plans qu'Il a pour toi. Ne cours pas le risque d'attendre trop longtemps comme j'ai failli le faire ! Ne tarde pas : commence aujourd'hui, tu ne le regretteras pas !

Conseils de ta coach pour te réjouir de tes passions

Pour découvrir les passions que Dieu a placées dans ton cœur et comment elles s'intègrent dans les projets qu'Il a pour ta vie, prends tout le temps dont tu as besoin et fais les exercices suivants.

Quelques idées pour avancer

Pour avoir une image plus claire des désirs de ton cœur, essaie quelques-unes des pistes suivantes que d'autres femmes ont trouvé utiles de suivre au fil des années :

- Demande à ta famille et à tes amies ce qu'elles ont observé sur tes désirs propres ou tes passions potentielles.
- Relate brièvement dans ton journal tes moments de plus grande joie quelles qu'aient été leur durée, leur portée ou leur nature. Demande à Dieu de te montrer s'ils révèlent certains de tes désirs ou de tes passions.
- Sors de ta routine ! Fais quelque chose qui n'est pas dans tes habitudes : allume de belles bougies, sors ton beau service de table réservé aux grandes occasions, offre tes services à un refuge pour animaux, prends un repas au nouveau restaurant marocain, inscris-toi à un club de discussion ou de sport, rends visite à des personnes âgées… Fais ce qui est nécessaire pour te sortir de ton cadre et t'aider à penser au-delà de ton train-train quotidien.
- Fréquente des personnes passionnées, dans l'expectative qu'un peu de leur énergie te sera communiqué !
- Quand tu auras reconnu plusieurs de tes passions, consacre-les à Dieu et pratique-les.

Refuse la jalousie

Prends garde à ne pas envier d'autres femmes pour leurs désirs, leurs rêves et les missions passionnantes que Dieu leur a confiées. Combats farouchement la jalousie : repère-la, dénonce-la, refuse-la et fuis-la. J'ai découvert que le meilleur moyen de la combattre, c'est d'aider les autres à réaliser leurs rêves passionnants : je prie pour ces femmes, je les encourage, je les soutiens, je les présente à d'autres personnes qui peuvent leur apporter de l'aide et des conseils.

Rêve

Que tu sois prête ou non à changer, prends un peu de temps à rêver d'une profession ou d'un engagement qui pourrait raviver tes passions. Ne mets pas de limites à tes rêves. Cet exercice t'aidera à avoir un autre point de vue. Demande à Dieu qu'Il te montre un désir ou une passion que tu pourras vivre quand le temps sera venu.

Explore du nouveau

Suis tes envies jusqu'à ce que tu trouves ce qui te passionne, pourvu que ce soit légal et moral ! Prends le temps qu'il te faut et ne te précipite pas dans ton exploration.

Fais des essais comme bénévole à la bibliothèque ou coach d'une équipe de sport. Ne te lance pas dans des expériences coûteuses, mais essaie une idée après l'autre : la décoration de gâteaux, les danses folkloriques, la plongée sous-marine…

Pense aussi à poursuivre d'autres désirs de ton cœur : l'adoption d'un enfant, un changement de carrière, un voyage, un déménagement… Envisage de prendre ta part dans la résolution des problèmes sociaux : enfants des rues, prostituées…

Un dernier conseil : si tu te découvres une passion grandissante pour de grandes idées, ménage tes forces !

C'est maintenant le temps de vivre avec passion

Vas-tu avancer dans cette nouvelle étape qui est de *tendre vers ce que ton cœur désire* ? As-tu compris que tes désirs profonds sont des cadeaux de Dieu ? Est-ce que tu comprends que vivre avec passion te rapproche de Dieu et lie ton cœur au Sien ?

Si tu as découvert ce qu'est ta passion, attends-toi à ce que Dieu te montre comment l'utiliser pour le bien-être de ta famille, de ton entourage, de ton église, et de la société. Si tu n'en es qu'au stade de la découverte, demande à Dieu de raviver ta flamme et si ta passion s'est éteinte, demande-Lui de la rallumer.

Éclairage biblique

LE CHOIX DE VIE D'ANNE :
TENDRE VERS CE QUE SON CŒUR DÉSIRE

Laissons-nous interpeller par Anne - 1 Samuel 1 : 1 à 2 : 11

Anne désire passionnément avoir un fils. Elle prie et pleure en répandant son cœur devant Dieu ; elle Lui fait le vœu que s'Il lui accorde le fils que son cœur désire, elle le consacrera à Son service. Éli, le prêtre, lui dit : « Va en paix, et que le Dieu d'Israël t'accorde ce que tu Lui as demandé ! » (1 : 17) Anne devient enceinte de Samuel et après l'avoir sevré, elle le conduit au temple où il demeurera toute sa vie.

À l'instar d'Anne, as-tu quelque chose qui te tient vraiment à cœur ? Veux-tu consacrer l'objet de ta passion à Dieu pour qu'Il l'oriente pour le mieux ?

LIVRES POUR APPROFONDIR

Eldredge John - ***Les trésors du cœur***

Munroe Myles - ***Un potentiel formidable***

Jones Laurie Beth - ***Tous les chemins mènent à soi***

Lecomte Jacques - ***Donner un sens à sa vie***

Questions personnelles pour progresser

1. Discerne les passions qui t'animent en répondant aux questions ci-dessous.

- Quel passe-temps te passionne ?
  Le basket-ball ; l'alpinisme ; les antiquaires ; la cuisine ; la lecture ; la natation…
- Quel désir ou quel espoir chéris-tu passionnément ?
  Avoir une maison à la campagne ; la sécurité matérielle ; avoir des enfants ; te marier ; voyager…
- Quel groupe ou quelle cause as-tu passionnément à cœur ?
  Les personnes âgées ; les espèces en voie de disparition ; les analphabètes ; les immigrants ; la justice ; la lutte pour la vie ; les forêts tropicales ; les chômeurs…
- Quelle bonne activité désires-tu passionnément faire ?
  Nourrir les SDF ; un service missionnaire à court terme ; créer une chorale ; annoncer Jésus dans le milieu du cinéma…

2. Revois tes réponses. Comment Dieu pourrait-Il utiliser une ou plusieurs de tes passions pour te confectionner un projet de vie qui contribuerait à la construction de Son Royaume ? Il n'y a pas de réponses fausses. Donne libre cours à ta créativité.

Chapitre 9

Lâche prise

Prends ta vie de tous les jours – tu dors, tu manges, tu travailles, tu vas et viens – et place-la devant Dieu comme une offrande.

Romains 12 : 1

Alors que, parvenue à ce stade, tu te crois prête à faire de grandes enjambées vers ta destinée, tu risques d'être surprise, voire déçue. En fait, l'étape suivante : « *Lâcher prise* », se présente, non comme une pierre unique, mais comme une série continue de petites pierres. En l'apercevant, beaucoup de femmes s'arrêtent déconcertées, elles lèvent les yeux vers moi, puis regardent à nouveau les pierres et parfois me posent la question : « C'est vraiment par là qu'il faut que je passe ? Ces pierres sont si petites et si nombreuses ! Peuvent-elles me conduire vers ma destinée ? »

Tu peux me faire confiance : ces petits pas progressifs et quotidiens vont en réalité faciliter ta décision d'offrir totalement ta vie à Dieu. D'ailleurs, la dimension de chaque pierre n'a aucun rapport avec la difficulté de la décision à prendre, ni avec les progrès que tu réaliseras, et même les plus petits pas d'obéissance te permettront de grandir rapidement dans ta foi. L'idée d'une consécration totale arrête de nombreuses femmes. Tout en désirant accomplir une mission significative pour Dieu, certaines veulent en garder la maîtrise : ce qu'elle sera, quand, comment… D'autres ne croient pas que Dieu nous demande de Lui abandonner tous les aspects de notre vie. Comme Dieu ne force personne, ces femmes restent sur place : les années défilent sans qu'elles saisissent les opportunités qu'Il leur présente. Qu'en est-il de toi ? Grâce aux étapes précédentes, as-tu grandi dans ton intimité avec Dieu au point que tu es prête à franchir cette série de pierres sur le chemin de ta destinée ? Examinons en quoi elles consistent.

Pourquoi le fait de lâcher prise est-il important ?

L'accomplissement du but suprême de Dieu pour nous ne peut se faire que dans l'abandon de notre volonté propre et de notre vie. Ce processus commence dès l'instant où nous acceptons Jésus comme notre Sauveur et Seigneur. Progressivement, en réponse aux injonctions divines, nous lâchons prise sur les diverses sphères de notre vie et plaçons entièrement notre confiance en Jésus. Nous reconnaissons Sa souveraineté sur nos biens, nos ambitions, nos buts, notre famille, nos finances, et peu à peu sur tous les autres domaines : travail, distractions, relations, études, émotions, croissance spirituelle…

> *La preuve d'une vie abandonnée à Dieu est l'obéissance.* *
>
> *Rick Warren*

Cette soumission progressive est indispensable pour notre *sanctification* qui est le processus évolutif par lequel nous sommes de plus en plus libérées de nos fautes et de nos manquements, et mises à part pour les projets de Dieu. Elle implique que nous renoncions à tout ce à quoi nous tenons plus qu'à Dieu : réussite, voyages, talents, obligations, relations, bref, toute idole qui accapare notre cœur. Si Dieu t'appelle à Lui abandonner quelque chose, que ce soit physique, spirituel ou émotionnel, je t'encourage à commencer par Lui obéir. Ton obéissance t'ouvrira les yeux sur des vérités, qui te conduiront à Le laisser prendre de plus en plus de contrôle sur ta vie, que tu aies besoin d'un instant, de mois ou de plusieurs années.

* Extrait d'un sermon donné par le pasteur Rick Warren, le 16 mai 1999 à l'église Saddleback, Lake Forest, Californie. Utilisé avec autorisation de l'auteur.

Si tu as tendance à vouloir garder le contrôle et que tu regimbes à ce lâcher prise, n'oublie pas qu'un jour *« Tout genou fléchira devant Dieu »*.[82] La question à se poser : lâcher maintenant ou plus tard ? Dieu nous a dotés du libre arbitre : Il nous laisse le droit de choisir notre façon de vivre pendant que nous sommes sur la Terre et Il n'y porte pas atteinte. Il n'exige pas que tu Lui consacres ta vie, il n'exerce aucune contrainte, Il ne te supplie pas, Il attend patiemment que tu Lui apportes ton existence en offrande. Suivre Dieu ne se fait pas à la légère. Quand nous Lui abandonnons notre vie, nous ne posons plus les questions « Qu'est-ce que je veux ? » ou même « Qu'est-ce que je peux faire pour Dieu ? » mais nous disons : « Je désire par dessus tout obéir au Dieu de l'univers. Que veut-Il pour moi et de ma part ? »

Comment lâcher prise ?

Une fois que nous avons décidé d'adopter comme style de vie d'accomplir la volonté de Dieu et non la nôtre, que faisons-nous ? Comment savoir sur quoi lâcher prise et à quel moment ?

Dieu nous présente des opportunités de bien des façons que nous devons apprendre à reconnaître : une impression, un passage biblique, la remarque d'une amie, un incident ou un temps de souffrance. Il peut nous transmettre Son message par une pensée qui nous revient souvent, parfois plusieurs fois par jour ou dès notre réveil. Ne sois pas surprise s'Il te parle même quand tu fais la vaisselle !

Quelles sortes d'opportunités nous offre-t-Il ? Il peut te demander de Lui remettre le contrôle de tes objectifs et tes projets d'avenir, ou de Lui confier tes craintes, tes désirs ou tes relations, ou encore de Lui abandonner des objets auxquels tu tiens ou des penchants dont tu ne peux pas te passer : manger des sucreries, dépenser à crédit, te faire remarquer… Ton obéissance sur un point, qu'il soit important ou minime, fera boule de neige et te poussera à abandonner d'autres domaines à Dieu. En effet, à chaque décision, ton cœur deviendra plus

[82] Ésaïe 45 : 23

sensible à Son cœur et tu auras une vision plus claire de ton identité réelle et de ce qu'Il veut.

Il faut aussi que tu saches que tu auras parfois des choix extrêmement difficiles à faire, alors sois patiente à ton égard ! J'insiste : use de patience envers toi ! Ne te permets jamais d'être inquiète ou irritée à ton encontre parce que tu n'es pas *parfaite*. Aucune de nous n'est *parfaite*, Dieu seul est parfait. Nous pouvons être sûres qu'Il nous aime dans nos imperfections et qu'Il nous attire toujours plus près de Lui et de ses projets pour nous. Même si l'abandon total de notre vie est un grand défi de la foi, Dieu nous y prépare pas à pas. Plus nous Lui faisons confiance, plus vite vient le jour où son Esprit nous invite à nous soumettre complètement aux projets qu'Il a tendrement préparés pour nous.[83] Quel privilège d'être invitées à nous donner entièrement à Dieu au sein des circonstances de notre vie !

Mon entêtement

Je dois admettre, à regret, que j'étais d'un entêtement particulièrement fort quand l'Esprit Saint me pressait de lâcher prise sur tel ou tel domaine de ma vie. Je faisais tout ce que je pouvais pour m'y soustraire ; je déclarais que ce petit point ne valait pas la peine de m'y arrêter ou au contraire que celui-ci était trop grand et hors de ma portée. J'ai résisté à Dieu en ce qui concerne ma dîme, ma carrière, mes rêves, la rédaction du livre que tu tiens dans tes mains… Néanmoins, ma résistance sur ces points a duré moins longtemps que mes luttes avant de Lui abandonner la cigarette, ma maison, mes enfants et les sucreries.

Abandon de la cigarette

J'ai commencé à fumer dès mon adolescence et j'ai continué pendant dix-sept longues années avant de vouloir arrêter, soucieuse des effets néfastes sur ma santé. Pendant quatre ans, j'ai essayé par tous les

[83] Éphésiens 2 : 10b

moyens : j'écrase mes cigarettes, je les jette dans les WC, je refuse d'en acheter, mais en vain. Si je réussis à m'arrêter pendant que je suis enceinte de notre premier enfant, je reprends après sa naissance.

C'est à cette époque-là que mon mari et moi commençons à fréquenter une église. Lors d'une prédication particulièrement convaincante, je comprends que je dois remettre ma dépendance à Dieu. Persuadée d'être incapable de m'arrêter, je Lui demande, sans grande conviction, de venir à mon aide.

Dès le lendemain de ma timide prière, alors que je nage dans la piscine de notre résidence, Dieu me fait vivre une expérience inoubliable. Je sais que c'est à ce moment qu'Il est intervenu pour me libérer de mon addiction. Alors que je suis en train de reprendre mon souffle au bord du bassin, je suis prise de nausées en respirant l'odeur douceâtre de cigarette qui émane des cheveux, de la peau et de l'haleine du nageur à côté de moi. Depuis ce jour où Dieu m'a fait passer par ce que j'appelle mon *traitement anti-tabac,* je n'ai plus touché à la cigarette.

Avant d'abandonner ma dépendance à la nicotine à Dieu, je n'aurais jamais imaginé que cesser de fumer puisse avoir un tel impact sur ma vie spirituelle. Quand j'ai vu comment Il est venu à mon secours pour que je puisse surmonter ce que je n'arrivais pas à maîtriser moi-même, j'ai eu moins de mal à lâcher prise sur d'autres domaines de ma vie.

Abandon de ma maison et de mes enfants

Ce que j'ai eu le plus de peine à abandonner à Dieu, c'était la belle maison de sept pièces que j'avais achetée dans un quartier chic, cinq ans après mon divorce. J'avais beau savoir qu'elle appartenait à Dieu et que j'en étais seulement la gérante, elle était devenue mon idole et je ne pouvais pas me résoudre à la laisser. J'ai fini par comprendre qu'il fallait que je la vende, mais je m'y suis opposée durant un an. Quel cauchemar de m'évertuer à démêler les desseins de Dieu pour ma vie tout en m'obstinant à y mêler mes propres idées ! Heureusement Dieu est persévérant et Il m'a constamment rappelé au travers des sages conseils de mon frère et de ma sœur qu'Il désirait que je réduise mon train de vie.

> *Nombreux les projets dans le cœur humain ! Mais seul le dessein du Seigneur tiendra.*
>
> *Proverbes 19 : 21*

Lorsque j'ai enfin obéi à Dieu et après avoir emménagé dans une maison plus petite, j'ai découvert qu'au lieu de m'épuiser à faire le ménage, je disposais de plus de temps et d'énergie pour mes projets d'écriture. Je vous avoue que j'ai eu moins de peine à lâcher prise avec mes enfants qu'avec ma maison ! Surprenant ? Pas vraiment, parce qu'en mon cœur je savais qu'ils seraient en de meilleures mains. Je les ai remis à Dieu par une simple prière que j'ai dite très sincèrement malgré ma souffrance. En réalité, j'ai dû la redire maintes fois avant que mon cœur ne soit totalement aligné sur ce que disaient mes lèvres. Même si je n'ai pas laissé mes enfants à un prêtre dans un temple comme Anne laissa son fils Samuel, j'ai choisi de les confier à Dieu sachant qu'il les aimera et les conduira bien mieux que je ne saurais le faire.

Abandon des sucreries

J'ai passé ma vie à courir après le chocolat et les crèmes glacées ! J'ai inventé et suivi fidèlement des règles pour cesser d'en manger ! En voici un échantillon :

- supprimer les sucreries à la maison
- supprimer les sucreries au bureau
- pas de sucreries si je n'ai pas mangé de protéines ou une salade
- pas de sucreries en regardant la télévision
- pas de sucreries après 15 heures (sauf si c'est au dessert d'un dîner officiel)
- deux boules de glace sans cornet
- sucreries seulement pour les fêtes

Finalement, fatiguée de m'imposer des règles, j'ai fait un jeûne de sucreries pendant un an : si je ne l'ai pas trouvé difficile, il a malheureusement été suivi de la reprise d'une consommation excessive. À l'heure où j'écris, depuis quatre ans tantôt j'en mange, tantôt je m'en abstiens, parce que je n'arrive pas à en consommer avec modération.

Pendant ce combat, j'ai appris, entre autres, que Dieu aime que je choisisse de jeûner, juste pour l'honorer. Quand je me prive de quelque chose qui est devenu une idole dans ma vie, j'ai constaté que je progresse dans la connaissance et la pratique de la prière, que je perçois mieux les projets de Dieu et que je suis plus ouverte à poursuivre ma mission de vie.

Lâcher prise et récompenses divines

Apprendre à tout abandonner à Dieu n'est pas seulement une préparation pour notre mission à venir, mais apporte dès maintenant de riches récompenses. Réfléchissons à tout ce que nous recevons de Dieu quand nous reconnaissons Jésus comme Roi de notre vie. Chaque fois que nous lâchons prise sur quelque chose, nous Lui apportons une offrande, mais Il nous donne bien plus en retour. Il transforme notre vie et nous commençons à vivre les bénédictions de Son Esprit : *« Amour, joie, paix, patience, bonté, bienveillance, foi, douceur, maîtrise de soi ».*[84] Nos abandons progressifs amènent des transformations qui permettent à ces qualités divines de se développer en nous. Si nous pouvions les vendre sur le marché, nous serions immensément riches tant elles sont recherchées !

De plus, ce merveilleux Conseiller qu'est l'Esprit Saint nous donne sagesse et force quand nous Lui soumettons nos allées et venues, nos problèmes et nos préoccupations. Si nous faisons équipe avec Lui, Il nous prépare à faire face aux dangers et à accueillir les opportunités futures. Il nous fait gagner du temps en nous rendant davantage sensibles à Ses conseils pour assumer nos choix et nos rôles. Nous avons

[84] Galates 5 : 22-23

ainsi plus de temps à consacrer à la vie de famille, au service, à la prière et au repos. Les récompenses divines ne s'arrêtent cependant pas là. Quand tu abandonnes humblement ta vie au Dieu créateur, Il promet de ne jamais te laisser.[85] Que demander de plus ? Ton lâcher prise et ta confiance sont richement récompensés.

Le lâcher prise qui coûte

Lors d'un message à l'église, l'épouse du pasteur Rick Warren nous a demandé si nous continuerions à suivre Dieu, même s'Il restait silencieux et n'agissait plus dans notre vie. Comme mes lâcher prises m'ont apporté de riches récompenses, j'ai dû réfléchir sérieusement à cette question. *Si Dieu ne m'aidait plus à accomplir ma mission, est-ce que je Le suivrais encore ?*

Mes réflexions m'ont poussée à me demander si je continuerais à l'aimer, sans parler de le suivre, au cas où je perdrais tout, y compris mes enfants. Aurais-je encore de l'amour pour Dieu si ma santé défaillait ? Je ne suis pas fière de ce que j'ai écrit spontanément dans mon journal : « Honnêtement, je crois que je continuerais de faire semblant d'être chrétienne, mais en mon for intérieur, je serais vraiment fâchée contre Dieu ».

Je savais ce qu'aurait dû être ma réponse et ce que je voulais qu'elle soit, mais pendant plusieurs jours, je n'arrivais pas à me l'approprier. J'ai dû faire ce que j'appelle un « traitement ». Je passe de façon généralement assez théâtrale par les cinq phases de la souffrance présentées par Elisabeth Kübler Ross : le déni, la colère, le marchandage, la dépression et (après de grands gémissements !) l'acceptation.

Finalement, j'ai réussi à prier aussi sincèrement que je le pouvais à l'époque : « Mon Dieu, aujourd'hui, je m'abandonne à Toi et je choisis de Te faire confiance quoi qu'il arrive. Je me satisfais des bienfaits que Tu me donnes. Même si mes enfants, mes yeux, mes mains, ma voix,

---

[85] Deutéronome 31 : 6 ; Hébreux 13 : 6

mon énergie, mes biens m'étaient retirés, je continuerai à marcher avec Toi. Pardonne mon arrogance quand j'agis comme si ce que je Te donne m'appartient, alors que je n'en suis que la gérante. J'abandonne tout entre Tes mains. Tu as de grandes mains. Je Te fais confiance. » Par la suite, j'ai découvert un passage biblique qui m'a encouragée dans ce lâcher prise qui coûte.

> *Les figuiers ne fleurissent plus, les vignes ne donnent plus de raisin, les oliviers ne portent plus d'olives, les champs ne produisent aucune nourriture. Il n'y a plus de moutons dans les bergeries, plus de bœufs dans les abris. Mais moi, je trouve ma joie dans le Seigneur, je suis heureux [heureuse] à cause du Dieu qui me sauve. Le Seigneur Dieu est ma force. Il me rend aussi rapide que les biches, Il me fait marcher sur les hauteurs.*[86]

Le prophète Habakuk nous encourage à nous réjouir en Dieu quoi qu'il arrive. Es-tu prête à faire ce choix ? Veux-tu suivre Dieu, même s'Il ne fait rien pour toi ?

---

[86] Habakuk 3 : 17-19

Conseils de ta coach pour lâcher prise progressivement

Les étapes ci-dessous vont t'aider à découvrir les domaines de ta vie que Dieu veut que tu lui abandonnes. Pendant les 10 prochains jours, mets-les en pratique, afin d'acquérir de nouvelles habitudes qui t'aideront à avancer sur le chemin de ta destinée.

Le plan de 10 jours :

Révélation – Cherche la vérité

Au début, ne fais rien, reste tranquille et apaise ton âme. Demande à Dieu qu'Il te révèle la vérité sur toute relation ou situation, sur des biens, des sentiments ou des activités qui pourraient t'empêcher d'accomplir tes objectifs sur terre. Sois à l'écoute. Sature ce moment avec Dieu de prières et de lecture de la Bible. Attends-toi à ce qu'Il te donne des impressions sur une personne, un endroit, un objet, une émotion ou un comportement auquel tu t'accroches trop.

Investigation – Fais des recherches

Pour t'aider à prendre ta décision finale de lâcher prise sur ce que Dieu voudrait que tu laisses, pense et agis comme un/e détective qui cherche la vérité. Téléphone, lis un livre, parle à un/e conseiller/e chrétien/ne, assiste à une conférence. Continue de poser des questions et d'approfondir les réponses reçues jusqu'à ce que tu parviennes à savoir sur quoi tu dois lâcher prise.

Calcul - Calcule la dépense

Évalue ce qui va changer si Dieu décide de prendre ce que tu Lui abandonnes. La Bible nous dit de calculer la dépense : *« De la même façon, [aucune femme] ne peut devenir mon disciple si [elle] ne commence par s'asseoir pour compter [ses] bénédictions puis renonce à toutes pour moi ».*[87] Quand tu dis que tu lâches prise sur quelque chose, prépare-toi à la laisser effectivement partir. Ne te lance pas dans un marchandage du genre : « Dieu, je t'abandonnerai cette chose si Tu… ». Il ne s'agit pas ici de négociations pour la libération d'un otage où on discute de ce qu'on va recevoir en retour de ce qu'on va céder. Tout appartient déjà à Dieu ! Soit je capitule, soit je ne capitule pas.

Transformation – Reçois la pensée de Jésus

Une fois que Dieu t'a révélé une occasion d'abandon, que tu as fait tes recherches et que tu as calculé la dépense, applique le conseil de l'apôtre Paul et reçois délibérément la pensée de Jésus sur ce qui découle de ton lâcher prise. *« Ne suivez pas les coutumes du monde où nous vivons, mais laissez Dieu vous transformer en vous donnant une intelligence nouvelle. Ainsi, vous pourrez savoir ce qu'Il veut : ce qui est bon, ce qui Lui plaît, ce qui est parfait ».*[88]

Applique-toi à ressembler de plus en plus à Jésus. Fixe tes regards sur Lui et demande-Lui de changer ta façon de penser. Étudie les passages bibliques en rapport avec ce que tu abandonnes. Si tu ne désires pas une transformation permanente, ton lâcher prise n'est pas authentique, il n'est qu'une bonne résolution comme celles qu'on fait au Nouvel An et qui s'érodent avec le temps.

Déclaration – Déclare ce que tu abandonnes

Déclare devant Dieu que tu es prête à abandonner ton « idole ». Puisque le lâcher prise est un acte de la volonté, et non un produit de tes émotions ou de tes sentiments, déclare officiellement ton plan d'action et mets-le par écrit. Écris-le dans ton journal, même si tu dois utiliser un code secret pour déjouer les regards indiscrets. Ensuite, annonce ta décision à une amie et demande-lui de t'aider à la tenir.

---

[87] Luc 14 : 33, paraphrase
[88] Romains 12 : 2

Consécration – Demande la prière et avance

Demande à une ou deux femmes de s'engager dans la prière pour toi jusqu'à ce que tu aies vraiment soumis à Dieu ce que tu veux Lui abandonner. Ensuite, attends-toi à une intervention de Dieu, même si Sa réponse prend un peu plus de temps que tu ne penses.

<u>Le plan d'un jour :</u>

Si tu n'es pas prête pour le plan de 10 jours, tu peux commencer par un jour. Fais un petit pas. Après avoir prié, décide d'abandonner pendant 24 heures une chose qui a de l'emprise sur toi : le café, la télévision, le téléphone… Observe et note par écrit les bienfaits qui en découlent dans ton énergie, tes relations, ton comportement…

C'est maintenant le temps de lâcher prise

Vas-tu continuer dans cette étape de *lâcher prise* dans ton parcours vers Dieu et vers le projet qu'Il a pour toi ? Pendant mon enfance, j'ai eu le privilège de voir mes parents consacrer à Dieu tous leurs biens et tous les domaines de leur vie. Même quand les circonstances paraissaient difficiles, voire impossibles, ils faisaient confiance à Dieu dans un total abandon. Même si tu n'as pas eu d'exemples dans ton entourage, serais-tu prête à faire un pas de plus dans le lâcher prise et la consécration à Dieu ?

Ne prie plus : « Seigneur, fais-ceci, fais cela pour moi… »
Ne prie plus : « Seigneur, je vais faire ceci ou cela pour toi… »
Ne prie plus : « Seigneur, montre-moi ce que Tu veux faire pour moi… »
Mais peux-tu envisager de faire cette prière : « Seigneur, montre-moi ce que Tu comptes faire au travers de moi et de quelle façon je peux collaborer avec Toi ! ».[89]

---

[89] Adapté de Michelle Cabell, Life Purpose Coaching Centers International. ®

Éclairage biblique

LE CHOIX DE VIE DE MARIE, LA MÈRE DE JÉSUS :
S'ABANDONNER A DIEU COMME UNE OFFRANDE

Laissons-nous interpeller par Marie - Luc 1 : 26-38

Le jour où l'ange apparaît à Marie pour lui annoncer qu'elle sera la mère du Sauveur du monde, sa vie bascule. Elle permet à l'Esprit Saint de se servir d'elle pour la gloire de Dieu. Sais-tu qu'elle aurait pu être mise à mort par lapidation pour sa grossesse en dehors du mariage ?

Si Dieu te demandait, comme Il l'a fait pour Marie, d'abandonner tes projets d'une vie tranquille et de courir le risque de te faire tuer (par quelque moyen que ce soit), que répondrais-tu ?

Pose-toi la question : « Qu'est-ce que je refuse d'abandonner à Dieu aujourd'hui ? », puis prie pour consacrer ce domaine au Tout-Puissant.

LIVRES POUR APPROFONDIR

Pacot Simone - ***Ouvrir la porte à l'Esprit***

Beattie Melody - ***Savoir lâcher prise***

Finley Guy - ***Les clés pour lâcher prise***

De Caussade Jean-Pierre - ***L'abandon à la Providence***

Questions personnelles pour progresser

1. Tu as déjà abandonné à Dieu certains domaines de ta vie. Décris l'un de tes lâchers prises : une personne, un lieu, un objet, une émotion, une question… Qu'est-ce que Dieu t'a appris sur Lui et sur toi-même ?

2. Revois les étapes proposées ci-dessus : cherche la vérité, fais tes exercices, calcule la dépense, reçois la pensée de Jésus, déclare ce que tu abandonnes, demande la prière et avance. Sur quelle étape Dieu veut-Il que tu reviennes ? Pourquoi ?

3. Comment complèterais-tu la phrase suivante ?

   « *Je suis prête à lâcher prise sur :* ma maison, ma voiture, ma profession, ma famille, mes enfants, mes amis, mon passé, mon présent, mon avenir, mes rêves, mes projets, mes études, mon travail, mes finances, mes biens matériels, mes loisirs, ma réputation, mon image, mes défauts, mes craintes, mes dépendances, ma croissance spirituelle, mon service dans la société…Prends le temps d'analyser tes réponses.

4. Que tu aies ou non abandonné quelque chose aujourd'hui, veux-tu prier ?

   « *Mon Dieu, je Te prie de me faire aller plus loin. Tu sais l'importance que je donne à……………………. Aide-moi à lâcher prise et à Te faire confiance sur ce point jour après jour, voire une heure ou une minute après l'autre.* »

Chapitre 10

Attends la vision

C'est Lui qui a formé les montagnes. Il a créé le vent, Il fait connaître Ses projets aux humains. Il change en nuit la lumière du matin, Il marche sur les hauteurs de la terre. Son Nom est : le Seigneur Dieu de l'univers.

Amos 4 : 13

L'étape tant attendue arrive enfin ! Retraçons le chemin parcouru jusqu'ici. Après avoir laissé le passé derrière toi, tu as vu l'importance de vivre ton aujourd'hui et d'aimer les autres. Ensuite, tu as poursuivi la paix, tu t'es détournée de tes fautes et tu as appris à servir humblement. Tu as progressé dans l'intégrité, honoré les désirs de ton cœur et commencé à lâcher prise. Je crois que tu mérites une médaille ! Mais te rappelles-tu le *passage à vide* dont j'ai souffert dans mon marathon (voir chapitre 1) ? Nous y voici ! Alors aspergeons-nous un peu le visage, encourageons-nous mutuellement et piquons un dernier sprint pour franchir la ligne d'arrivée. Nous pourrons alors nous écrouler sur l'herbe et rire aux éclats ! Je suis toute excitée de parvenir à la dixième pierre « *Attends la vision* ». C'est ma préférée. J'ai une grande joie quand une femme entrevoit le projet spécifique que Dieu a pour elle et se met délibérément en marche pour l'accomplir ! Par contre, j'ai le cœur brisé en constatant combien de femmes ne parviennent pas à cette pierre ou ne vont jamais au-delà. Elles choisissent de s'arrêter, alors qu'elles sont à deux doigts de recevoir une révélation de leur projet de vie dont les effets pourraient toucher beaucoup de personnes. Bien que Dieu ait lui-même inscrit chacun de nos noms sur cette pierre, certaines d'entre nous paraissent incapables de s'y poser. Au fond, il se pourrait bien que nous ne voulions pas vraiment connaître les desseins de Dieu ou que nous craignions de savoir ce qu'ils comportent. Un petit nombre seulement ont le courage de se préparer à recevoir une vision, d'en demander à Dieu la révélation, d'admettre qu'elles l'ont vue, de rechercher des conseils dans leur perplexité, ou de compléter le travail après avoir reçu leurs instructions. Pourquoi si peu d'entre elles se préparent-elles ? Parce que, avec le don de la vision, nos petits pas d'obéissance vont devoir devenir de gigantesques bonds, ce qui, franchement, peut nous faire peur. C'est pourquoi j'ai à cœur de t'aider, non seulement à entendre ce que Dieu dit sur cette pierre de façon générale, mais aussi à accueillir la révélation et l'accomplissement de Sa vision spécifique pour toi. Tu pourras alors escalader l'autre rive et commencer à vivre ton projet de vie.

Dieu veut te révéler sa vision

Dans l'émission télévisée *Mission Impossible*, une voix annonce à chaque défi : « Votre mission, si toutefois vous décidez de l'accepter… ». On aimerait bien que la voix de Dieu se fasse entendre sur notre répondeur, n'est-ce pas ? : « Voici ta mission pour le reste de ta vie. Tu m'honoreras, si toutefois tu choisis de l'accepter. » Même si Dieu ne te parle pas d'une voix audible, sois rassurée, Il veut te communiquer son message. Le prophète Amos annonce cette incroyable nouvelle : *« Il [Dieu] fait connaître Ses projets aux humains ».*[90] Daniel explique au roi Nabuchodonosor *« qu'il y a un Dieu dans le ciel qui révèle les mystères ».*[91] Notre Dieu, le Dieu d'Amos et de Daniel, veut que tu Lui fasses confiance pour la révélation de Ses projets sur ta vie. Non seulement Il a une vision pour toi, mais Il te la fera connaître au temps opportun et aussi clairement qu'Il l'a fait pour Samuel, Ésaïe et bien d'autres.[92] Recevoir ta vision veut dire que tu prends conscience de la façon extraordinaire dont Dieu veut t'utiliser dans l'accomplissement

[90] Amos 4 : 13
[91] Daniel 2 : 28
[92] 1 Samuel 3 : 1-18 ; Ésaïe 6 : 1-13

de Ses desseins. Tu entrevois le genre de personne qu'Il veut que tu deviennes et la stratégie multidimensionnelle qu'Il envisage pour ta vie. Tu pressens comment intégrer toutes tes passions dans un projet de vie bénéfique aux autres. La Bible révèle clairement *la vision de base* que Dieu a pour nous toutes : aimer Dieu, aimer notre prochain[93] et faire des disciples.[94] Si ces grandes lignes nous donnent des points d'ancrage pour donner un sens à notre vie, Dieu veut aussi nous révéler personnellement *une mission spécifique*. On peut définir la vision que Dieu a pour toi comme l'expression ultime et créative des désirs qui font battre ton cœur. Elle se décline aussi comme une opportunité qui t'attire avec une force irrésistible ou comme une œuvre innée qu'au regard de Dieu toi seule peux accomplir avec excellence.

Quand tu reçois ce genre de vision, tu te sens obligée d'en faire part à d'autres, de les motiver et de les inclure dans ton projet de vie tant que Dieu ne leur aura pas révélé leurs propres visions. Toute personne qui suit sa propre vision en inspire d'autres. Accepter de remplir ta mission équivaut à signer un contrat par lequel tu t'engages à collaborer avec Dieu pendant toute ta vie. Tu y laisseras ce que tu croyais être ta vie et tu délaisseras tout projet qui ne correspond pas à ta véritable identité et aux bons projets de Dieu pour toi. L'accomplissement de la vision te demandera beaucoup de foi, d'espérance et d'amour. Si tu ne communies pas chaque jour avec Dieu, sa réalisation risque de te conduire à l'épuisement, voire au burn-out. Une fois que la vision est libérée en toi, elle devient comme un courant électrique qui apporte lumière et énergie autour de toi. Elle est ta façon irremplaçable d'amener d'autres personnes à combler leur vide existentiel et à ouvrir leur cœur à Dieu.

Désirer avec ardeur la vision

Le désir ardent de connaître notre vision divine nous fait faire des pas délibérés vers notre destinée. Réfléchissons à l'impact qu'aura la

[93] Marc 12 : 30-31
[94] Matthieu 28 : 18-20

révélation de la pensée de Dieu pour toi. Ta foi augmentera parce que tu auras besoin de faire confiance à Dieu quand Il te fera voir ce que tu ne vois pas pour le moment. Tu seras aussi inspirée quand tu essaieras de transformer tes rêves et tes idées en ébauche de stratégies.

La vision t'aidera à discerner tes priorités et à définir des objectifs plus ciblés. En outre, elle te fortifiera et te permettra de tenir dans les moments d'incertitude. Si tu vis dans cette attente, ton dialogue avec Dieu s'intensifiera. Le Créateur se révélera à toi et t'inspirera. Quel privilège pour une femme ordinaire d'être en communion avec le Dieu de l'univers !

Il peut t'arriver de te laisser troubler par diverses questions : *Si Dieu me donne une vision, est-ce que j'ai vraiment envie d'y entrer ? Ai-je peur d'avancer sur ce terrain nouveau ? Suis-je en train de faire fausse route en prenant mes désirs pour la volonté de Dieu ?* Même si ces préoccupations sont légitimes, elles peuvent te conduire à la paralysie émotionnelle. Si tu en es là, fais-toi une faveur : mets derrière toi ton passé avec ses doutes et ses échecs et repars à zéro. Quand Dieu te donnera une autre occasion d'entendre Sa voix, tu seras alors dans de nouvelles dispositions. Pendant cette étape, ta part consiste, non à te stresser pour saisir les intuitions divines, mais à chérir ta communion avec Dieu et à rester à Son écoute : « Incline ton oreille et viens à moi ».[95] Si tu l'écoutes attentivement, Il calmera tes craintes, t'aidera à vaincre tes résistances et te guidera dans les étapes correctives nécessaires à ta préparation.

Supplique pour une vision

J'ai supplié Dieu de me révéler sa vision pendant des années. Dans mon impatience, j'ai demandé maintes fois à mes amies proches si elles-mêmes avaient compris les projets de Dieu pour elles ou si elles avaient la moindre idée me concernant. Je faisais mes recherches avec un tel

[95] Voir Ésaïe 55 : 2-3 ; DRB

sérieux que je ne m'intéressais à rien d'autre et ratais les moments de joie et de détente dont j'aurais pu jouir avec elles. Vous connaissez déjà certains des extrêmes où je suis allée dans la recherche de mon projet de vie, mais je ne vous ai pas encore avoué mon impatience et ma frustration au quotidien au point que j'y pensais constamment ! Et pourtant, la vision ne venait pas !

Finalement, j'ai dû apprendre, à ma grande consternation, que supplier et se stresser ne servait à rien. Dieu choisit le moment opportun pour nous la révéler. Dans notre impatience, nous essayons de le devancer et de lui imposer notre calendrier au lieu d'attendre Ses instructions dans la prière. Nous ne pouvons pas accélérer ou exiger la révélation de Ses projets pour nous.

> *Quand nous ne saisissons pas clairement la façon dont Dieu veut que nous accomplissions notre vision, il est bon de prier et d'attendre patiemment. Dieu utilise ces périodes d'attente pour nous préparer, nous munir de tout ce dont nous avons besoin pour accomplir notre mission avec succès. Sa volonté est peut-être de maintenir un certain flou pendant quarante ans comme dans le cas de Moïse. Continuez à avancer avec ce que vous avez reçu, tout en priant pour ce qu'il vous reste à découvrir.*[96]

L'attente est payante !

En écoutant l'histoire d'une amie, j'ai compris que ce qui nous semble une perte de temps peut être nécessaire. Huit années de retards apparents lui ont permis d'élargir son cercle de connaissances et d'acquérir de nouvelles compétences utiles à sa mission. Sur un plan personnel, cette attente a favorisé le développement de son caractère et fortifié sa confiance en Dieu. Si tu es stressée comme je l'étais, je te conseille de confesser à Dieu ton impatience et de t'en repentir. Remercie Dieu pour Sa sagesse et pour ce qu'Il veut t'enseigner pendant que tu attends ta

---

[96] Patrick M. Morley, *Seven Seasons of a Man's Life*, Nashville : Thomas Nelson, 1995, 229.

vision. Sois attentive à ce que Dieu est en train d'accomplir aujourd'hui dans ta vie. Examinons de plus près ce dernier conseil. Au chapitre 3, nous avons vu que tes rôles de chaque jour comptent pour Dieu et que rien n'est perdu dans une vie consacrée. S'il est vrai que la fidélité au quotidien n'est pas une condition *sine qua non* à la révélation de la vision, Dieu utilise néanmoins tes objectifs quotidiens pour te préparer à l'accueillir dans un premier temps, puis à la réaliser par la suite :

> *Quand votre patience sera pleinement développée, vous serez prêtes à tout, fortes de caractère, accomplies et complètes.*[97]

Arrêtons-nous un instant. Dans le tableau ci-dessous, distinguons les différences entre nos objectifs quotidiens et une vision ultime de vie.

Mes objectifs quotidiens	**Vision ultime de Dieu pour moi**
Servir une ou plusieurs personnes	Servir plusieurs personnes ou des foules
Travailler seule ou à côté de quelqu'un	Inviter d'autres personnes à collaborer
S'attendre à une mission difficile	S'attendre à une intervention divine indispensable pour compléter la mission
Rester engagée	S'engager sans retour en arrière
Dire « Mon Dieu, sers-toi de moi ! »	Prier avec assurance « Mon Dieu, nous collaborons ! »
Vivre sans prendre de risque	Tout risquer
Rester raisonnable à tes yeux et au regard des autres	Paraître insensée au regard des autres
Gérer les tâches quotidiennes comme le ferait Jésus	Accomplir sa destinée, remplie du fruit de l'Esprit : l'amour, la joie, la paix, la patience…

[97] Jacques 1 : 4

La comparaison des deux colonnes fait apparaître que, le service que nous accomplissons pour Dieu chaque jour, va progresser naturellement et prendre plus d'ampleur. Si nos tâches journalières exigent engagement personnel et obéissance, « la vision » nous élève à un projet de vie d'une plus grande portée et à un engagement interpersonnel où nous incitons d'autres personnes à s'impliquer et à suivre Dieu.

Je suis émerveillée devant la sagesse et l'amour de Dieu. Au lieu de nous envoyer d'un seul bloc une vision qui nous paralyserait de peur, Il nous prépare à l'accueillir par des années d'entraînement dans nos rôles quotidiens. De plus, quand Il nous la révèle en Son temps et à Sa façon, il ne reste en nous plus aucun orgueil pour en tirer gloire, nous sommes devenues humbles et disponibles.

Vision incomplète sans action

Quel que soit le moyen ou le moment de la révélation de ta vision, l'attitude idéale est ton acceptation suivie d'actions. Trop de femmes consacrent leur vie à Dieu, reçoivent leur vision mais restent figées sur place quand vient le moment de passer à l'acte. Je me souviens de Donna et de ses pourparlers avec Dieu. Ayant pris conscience du dessein de Dieu pour sa vie lors d'une retraite spirituelle, elle panique et s'écrie : « Me voici Dieu, mais envoie Alice à ma place ! » puis, changeant de tactique : « D'accord, Dieu, envoie-moi mais pas à cet endroit ! »

As-tu essayé de négocier avec Dieu alors que tu savais ce qu'Il attendait de toi ? Moi, je l'ai fait ! Rappelons-nous ce que dit Jésus : *« Et pourquoi m'appelez-vous Seigneur, Seigneur et ne faites-vous pas ce que je dis ?»* [98] Si Dieu attend notre obéissance face à la vision, rappelons-nous qu'il nous coache dans sa réalisation. Quand elle dépasse nos capacités par sa complexité, son étendue et ses exigences, Il nous soutient par la même promesse faite à Moïse « Je serai avec toi ».[99]

[98] Luc 6 : 46
[99] Exode 3 : 12

> *Soudainement, l'Esprit se manifeste dans la vie de gens ordinaires qui, après avoir entendu l'appel, y répondent de façon extraordinaire.*
>
> *Ann Petrie, Cinéaste*

Cette parole rassure Moïse qu'il est bien l'homme de la situation pour la vision donnée, même s'il doute d'être le leader que l'Éternel voit en lui. Puisque Dieu participe à la réalisation de la vision qu'Il nous donne, Il se plaît à utiliser, non des « superstars », mais des hommes et des femmes ordinaires. Il se réjouit de les inspirer et de les équiper pour leur confier des missions extraordinaires.

Personnages bibliques ordinaires aux visions extraordinaires

La Bible est remplie d'exemples de personnes ordinaires à qui Dieu a confié des visions extraordinaires. En voici quelques-unes avec ma paraphrase de leur ordre de mission.

- Noé, construis une arche. [101]
- Abram, va au pays que Je te montrerai. [102]
- Sarah, tu seras la mère de nations ; tu engendreras des rois.[103]
- Joseph, tu gouverneras.[104]
- Moïse, va chez Pharaon et demande-lui qu'il te laisse conduire Mon peuple hors d'Égypte.[105]
- Josué, prépare-toi à traverser le Jourdain.[106]
- Déborah, va au combat, tu auras la victoire.[107]

---

* Paroles d'Ann Petrie dans le film Mother Teresa, de Petrie Productions, Inc.

[101] Genèse 6 : 12-14

[102] Genèse 12 : 1-3

[103] Genèse 17 : 15-16

[104] Genèse 37 : 1-11

[105] Exode 3 : 10

[106] Josué 1 : 1-2

[107] Juges 4 : 1-14

- Gédéon, va avec la force que tu as et sauve Israël.[108]
- Esther, sauve ton peuple.[109]
- Jérémie, va vers tous ceux à qui Je t'envoie et dis-leur ce que Je te commande de leur dire.[110]
- Jonas, va à la grande ville de Ninive et prêche contre elle.[111]
- Marie, tu seras enceinte et donneras naissance à un fils que tu appelleras Jésus.[112]
- Jean-Baptiste, prépare le chemin pour Moi.[113]
- Simon et André, suivez-Moi.[114]
- Pierre, nourris Mes agneaux.[115]

Temps et processus de révélation

Permettez-moi de vous raconter avec quelle douceur et quelle persévérance Dieu m'a révélé Sa vision pour ma vie. Selon la première impression que je reçois en 1988, ma mission semble avoir un rapport avec la culture de jeunes plantes. Je ne sais que faire de cette pensée qui me revient sans cesse jusqu'en1991. Je ressens alors un grand désir d'aider quelque chose *à grandir* pour que cela devienne beau ou utile. Je me demande si Dieu veut que je cultive des orchidées, du soja ou des cèdres ! Je sais seulement que cette idée vague mais géniale me réjouit et que sa réalisation me tient fort à cœur.

J'ai l'intuition d'être investie d'un projet lié à un processus de croissance que je ne parviens ni à saisir ni à exprimer mais qui me remplit de joie. Des idées de semences, de fleurs, de fruits, de

---

[108] Juges 6 : 12-16
[109] Esther 4 : 14
[110] Jérémie 1 : 4-8
[111] Jonas 1 : 1-2
[112] Luc 1 : 26-33
[113] Luc 1 : 13-17
[114] Marc 1 : 16-17
[115] Jean 21 : 15

plantations me trottent constamment dans la tête, mais je ne sais pas les interpréter, d'autant plus qu'à l'époque, je ne connais pas les nombreux passages bibliques sur les labours, l'émondage, les saisons… Dans ma perplexité, je finis par me demander si je dois les prendre au pied de la lettre : acheter un magasin de fleurs, apprendre l'horticulture ou épouser un agriculteur !

Ce n'est qu'en 1994, donc six ans après mon impression initiale, que Dieu me fait comprendre la raison de ce désir passionné qui me tient tant à cœur. Pendant cette période, Il dépose peu à peu en moi des images et des intuitions relatives à l'œuvre pour laquelle Il m'a préparée. J'entrevois qu'elle va consister à aider des femmes à grandir et à devenir tout ce que Dieu a prévu qu'elles soient, afin qu'elles s'épanouissent comme des fleurs !

Mais comment mettre la vision en pratique ? Dieu m'a fait d'abord tester personnellement, et une à une, les pierres qui nous permettent de traverser le cours d'eau : la paix, l'amour, la consécration… Les réponses m'ont été données au fur et à mesure. Je sais maintenant que je suis appelée à aider des femmes à comprendre les étapes qui les conduisent sur le chemin de leur destinée. Ne me demandez pas le pourquoi de cette vision particulière, mais je sais qu'elle remplit mon cœur d'une joie indicible, un peu comme un cadeau qui correspond exactement aux désirs profonds de mon cœur.

Dieu a préparé pour chacune de nous un projet de vie qui nous donne le sourire pendant que nous servons. En plus, Dieu nous entoure si nécessaire de personnes ayant la même vision pour nous aider à l'accomplir.

Avant que Dieu ne me révèle mon appel individuel à long terme, ma quête personnelle a été longue et ardue. Tout au long de mon douloureux cheminement, j'ai connu le doute, prié énormément et versé beaucoup de larmes. Persévérant envers et contre tout, j'ai tâtonné dans de nombreuses sphères de service, voyagé au bout du monde à la rencontre de célébrités et ouvert mon cœur à bien des amis et même des étrangers. La révélation de la vision m'a été donnée à la nano-seconde près, ni trop tôt, ni trop tard. Je suis convaincue que mon parcours a été particulièrement laborieux, afin que je sois passionnée et motivée pour coacher toutes celles pour qui la vision tarde à venir.

Épiphanies

Je pense que les mages venus d'Orient ont dû avoir connaissance de la nature divine de Jésus, puisqu'ils Lui ont apporté des présents dignes d'un roi. On emploie traditionnellement le terme *épiphanie* pour cette histoire où Dieu semble s'être révélé.

> *Et voici que l'astre qu'ils avaient vu à l'Orient, avançait devant eux jusqu'à ce qu'il vînt s'arrêter au-dessus de l'endroit où était l'enfant. À la vue de l'astre, ils éprouvèrent une très grande joie. Entrant dans la maison, ils virent l'enfant avec Marie, Sa mère, et, se prosternant, ils Lui rendirent hommage ; ouvrant leurs coffrets, ils Lui offrirent en présent de l'or, de l'encens et de la myrrhe.*[116]

Il se pourrait que Dieu crée une *épiphanie* dans ta vie aujourd'hui et qu'Il te dévoile un peu plus Sa nature et Ses voies. Il t'éclairerait davantage sur ta vision. Il te montrerait quels présents apporter à Jésus et comment offrir aux autres les dons qu'Il te fait. Ta joie serait sans limites et tu L'adorerais.

Il est important que tu comprennes ce que peut être pour toi une *épiphanie*. Elle peut prendre la forme d'une série d'impressions, d'intuitions, comme pour moi pendant mes six années d'attente ou d'une rencontre inopinée… Elle peut t'être donnée au travers d'un rêve d'enfant, d'un souhait de jeunesse ou d'un désir insatiable. Elle peut se manifester aussi dans des idées « en germe » ou simplement dans la version élargie de ta carrière ou de l'un de tes engagements actuels.

---

[116] Matthieu 2 : 9-11

Afin de te préparer à l'accueillir, sois particulièrement ouverte aux impressions que tu reçois en priant, en lisant la Bible, en écrivant ton journal, également en écoutant ou en observant des leaders et des mentors chrétiens. Sois attentive : Dieu peut utiliser ces divers moyens pour te révéler Ses pensées.

Même si Dieu nous demande de nous préparer à recevoir Sa vision, Il peut l'envoyer à n'importe quel moment, que nous l'ayons demandée ou non, que nous ou d'autres, pensions être prêtes ou non. Il peut aussi intervenir dans notre vie de façon inattendue et spectaculaire comme Il l'a fait dans le cas de Saul qui devint l'apôtre Paul.[117] De toutes façons, Jésus veut se manifester à toi, te révéler qui Il est et ce qu'Il aimerait voir arriver dans ta vie. Au meilleur moment pour toi et pour ceux que tu serviras, Il t'enverra une *épiphanie*. En l'attendant, continue simplement à mettre un pied devant l'autre sur le chemin de tes responsabilités et de ta destinée.

---

[117] Actes 26 : 14-19

Conseils de ta coach pour recevoir la vision de Dieu

Les activités conseillées ci-dessous sont conçues pour t'aider à te préparer à écouter les pensées de Dieu et à recevoir Sa vision pour ta vie. Continue patiemment à les pratiquer aussi longtemps que ce sera nécessaire.

Prie

La meilleure façon d'attendre la vision de Dieu pour ta vie est de prier. Demande à Dieu d'entendre Sa voix, d'être souple entre Ses mains et sur quelle pierre du cours d'eau tu devrais peut-être retourner. Prie également pour que tu discernes le moment que Dieu a prévu pour ton projet de vie et qu'Il prépare le cœur des personnes vers lesquelles Il t'enverra.

Demande à d'autres de prier

Entoure-toi de personnes qui t'aiment et te soutiennent. Demande-leur de prier spécifiquement pour que tu sois plus sensible à tes intuitions concernant ta destinée.

Aie confiance

En d'autres termes, aie la foi ! Pour cette étape, tu as besoin de la foi qui déplace les montagnes et libère la puissance de Dieu. Demande à Dieu comment grandir dans la foi, afin que Sa vision pour ta vie devienne réalité.

Pratique la patience

Entraîne-toi à l'attente patiente au cours de tes activités quotidiennes, y compris dans la queue à la banque ou au supermarché. Pratique des activités qui t'exercent à la patience : jardinage, patchwork, points de croix… Prends encore le temps de chanter, de jouer, de te détendre afin que tu apprennes à ralentir et à prendre plaisir à ton cheminement.

Demande à Dieu de te parler personnellement

Pose-toi d'abord deux questions :

- Est-ce que je m'attends vraiment à ce que Dieu me parle ?
- S'il me parle, suis-je vraiment à l'écoute ?

Si tes réponses sont affirmatives, tu es prête à reprendre pour toi les paroles du jeune Samuel : « Parle, [ta servante] écoute ».[118]

C'est maintenant le temps d'attendre la vision

Vas-tu accepter l'étape « *Attends la vision ?* »

Dans l'attente, surtout n'abandonne pas ! De tout temps, Dieu a révélé Ses projets : Il ne change pas et Il le fera aussi pour toi au bon moment.

Lorsque ton *épiphanie* arrivera, seras-tu prête à recevoir la vision que Dieu a pour toi ? Peux-tu déjà l'en remercier par avance ? Le jour où tu comprendras ta vision, fais la fête, remercie Dieu et adresse-Lui si tu veux la prière suivante : *« Mon Dieu, garde-moi tout près de Toi. Je T'aime et je sais que, sans Toi, je suis incapable même de commencer à réaliser cette vision. J'ai besoin que Tu me soutiennes et me rendes sage, patiente et courageuse. Garde-moi dans l'humilité, l'intégrité et l'Amour. Je Te remercie de m'avoir révélé Tes pensées et Tes objectifs pour ma vie. Amen ».*

---

[118] 1 Samuel 3 : 10

Éclairage biblique

LE CHOIX DE VIE DE DÉBORAH :
ATTENDRE LA VISION.

Laissons-nous interpeller par Déborah - Le livre des Juges, chap. 4 et 5

À cette époque, les « juges » sont des libérateurs suscités par Dieu pour délivrer Israël de ses envahisseurs. Déborah, épouse, juge et prophétesse attend son heure car depuis vingt ans, Jabin, roi de Canaan, opprime le pays. Son *épiphanie* pour entrer dans sa mission de libératrice arrive le jour où Baraq lui demande de combattre contre Sisera, le chef de l'armée ennemie.

Nous ne savons pas combien de temps Déborah a patienté, mais à l'appel de Baraq elle était prête à agir. Qu'en est-il de toi ? Peux-tu attendre ta vision et te préparer à passer à l'action au plus vite ?

LIVRES POUR APPROFONDIR

Monbourquette Jean, ***À chacun sa mission***

Wilkinson Bruce et Kopp, David et Heather, ***L'auteur des rêves***

McCarthy Kevin W., ***La puissance d'une vision : comment donner un sens à votre vie***

Eldredge John et Stasi, ***Cœur de Femme***

Houston Brian - ***Une vie, une vision, un but***

Questions personnelles pour progresser

1. Décris la vision ou le projet de vie que tu aimerais que Dieu te donne. Écris spontanément ce qui sort de ton cœur.

2. Si tu ne sais qu'écrire, ne t'inquiète pas.

Puisque tu as suivi les étapes proposées dans ce livre, ton projet de vie aurait dû se clarifier progressivement en toi. Si ce n'est pas le cas, il est possible que tu aies besoin de revenir en arrière sur une ou plusieurs « pierres » du courant d'eau et de faire ou refaire les exercices conseillés.

3. Pour comprendre où tu t'es arrêtée, revois les réponses que tu as données à la fin de chaque chapitre. Alors tu comprendras le ou les pas qu'il te serait utile d'entreprendre maintenant. Dieu verra ta détermination et te répondra.

4. Prie, reste confiante et continue à croire que Dieu te donnera ton *épiphanie* en son temps.

Chapitre 11

Prends courage

Mais aussitôt Jésus leur parla : Courage, leur dit-il. C'est moi, n'ayez pas peur !

Matthieu 14 : 27

À la vue de la pierre suivante « *Prends courage* », tu ne sais pas si tu dois rire ou pleurer ! Tu te dis : « Aurai-je assez de courage pour réaliser la vision que Dieu m'a montrée ? » Cette pierre n'est pas un simple caillou juste assez gros pour nous empêcher de tomber à l'eau, mais je la comparerais au Rocher de Gibraltar. J'ai une bonne nouvelle : le courage est un don de Dieu que nous venons chercher auprès de Lui en nous appuyant sur Sa fidélité et Ses promesses.

Le courage, un don divin et un choix humain

Dans l'Évangile selon Matthieu, Jésus *ordonne* à Ses disciples de prendre courage comme Dieu à Josué.[119] Cet ordre ne veut pas dire que Dieu ne peut pas m'utiliser si j'ai peur : Il le peut et Il le fait. Il ne signifie pas non plus que si je prends courage, toutes mes craintes vont forcément se dissiper comme par magie. Par contre, prendre courage est un acte de la volonté qui va m'aider à me dégager de l'emprise de mes peurs et me permettre d'avancer. Ce positionnement est possible quand

[119] Matthieu 14 : 27 ; Josué 1 : 9

je connais les promesses et la fidélité de Dieu. Je suis capable de « prendre courage » quand je sais que je suis précieuse au regard de Dieu, que mon Père céleste me chérit et ne m'abandonnera jamais. Un passage du livre d'Ésaïe nous rappelle ces promesses :

> *N'aie pas peur, Moi, ton Dieu, Je T'ai libéré[e], Je t'ai engagé[e] personnellement, tu M'appartiens. Quand tu traverseras l'eau, Je serai avec toi ; quand tu franchiras les fleuves, tu ne t'y noieras pas. Quand tu passeras à travers le feu, tu ne t'y brûleras pas, les flammes ne t'atteindront pas. Car Moi, le Seigneur, Je suis ton Dieu... tu as du prix à Mes yeux, tu comptes beaucoup pour Moi et Je t'aime. N'aie pas peur, Je suis avec toi.*[120]

M'appuyer sur ce passage me réconforte et m'apaise profondément. C'est pourquoi même si je *ressens* des craintes, je peux choisir de persévérer parce que Dieu a promis d'être avec moi. Plus je vis dans la réalité de Ses promesses et de Sa présence, plus je suis soulagée et encouragée à aller de l'avant.

Pourquoi le courage est-il si important ?

Nous sommes toutes sujettes à nous laisser arrêter par la peur. Lors de mes interviews avec les jeunes délinquants (voir chapitre 6), je ne m'attendais pas à découvrir que ces « durs » vivaient tous dans la peur de quelque chose.

Par mon expérience passée, je sais que la peur peut nous lier jusqu'à la paralysie. Maintenant, dans mon activité de coach, je rencontre des femmes qui ne sont pas entrées dans leur projet de vie, à cause de craintes secrètes : peur de prendre l'avion, de parler en public, d'être seule, rejetée, critiquée, etc. La peur peut exercer une influence néfaste en ce sens qu'elle bloque notre créativité, notre productivité et même nos relations. Toutefois, en se saisissant du courage que Dieu nous

[120] Ésaïe 43 : 1-5

donne, nous pouvons retrouver toutes nos capacités. Quand Dieu calme nos peurs, nous grandissons dans notre confiance en Lui et en nous-mêmes. Nous avons moins besoin de tout maîtriser et nous sommes de plus en plus libres d'explorer de nouveaux chemins. Je sais que *prendre courage* face à la peur n'est pas facile, mais Dieu honorera ton courage et ton choix. Tu découvriras une grande paix comme si tu sortais de prison. Examinons donc comment *prendre courage* face aux peurs les plus répandues.

La peur du ridicule et de la critique

Est-ce que tu te dis : « Les autres vont se moquer de moi. Ils vont faire de méchantes plaisanteries sur ma foi, mes engagements… Je vais avoir l'air ridicule… Et si je ne sais pas justifier ce en quoi je crois… ? »

Pendant longtemps, cette peur m'a empêché de partager ma foi. J'étais terrorisée à la pensée que quelqu'un me critique pour les valeurs auxquelles je tenais. Mais un jour, je me suis posée la question fondamentale : « *Est-ce que je vais vraiment permettre à ces critiques de m'empêcher d'entrer par la foi dans l'expérience que Dieu me donne à vivre ?* » Vue sous cet angle, la réponse était « non ! » J'ai fait le choix de *prendre courage* et d'obéir à Dieu même si j'avais peur.

La peur de l'échec

> *L'échec est présage de réussite.*
>
> *Anonyme*

As-tu déjà pensé : « Si j'échoue, personne ne me croira plus. Je vais passer pour une imbécile. On dira que ça m'apprendra à vouloir toujours faire mieux que les autres… ? » Console-toi, tu n'es pas la seule car la peur de l'échec ronge un grand nombre de femmes. Beaucoup considèrent un échec personnel comme si c'était le virus du sida : c'est trop douloureux pour qu'on en parle. Les échecs sont de toute façon inévitables mais Dieu a offert de nous relever.

J'espère qu'étant parvenue à ce stade de ton parcours, tu sais gérer tes échecs et continuer ta marche. Puisque Dieu veut te restaurer, prends courage et pardonne-toi tes erreurs présentes et passées. De toute façon, pour se placer hors d'atteinte de la peur de l'échec, il n'existe qu'un moyen : ne rien faire et aller nulle part ! Les risques encourus sont alors l'apathie, la dépression et la claustrophobie. Te reconnais-tu dans cette situation ? Il est temps que tu demandes à Dieu de te faire sortir de ton carcan.

La peur du succès

La peur du succès est plus difficile à reconnaître mais non moins paralysante. On se dit : « Si je réussis, les autres seront jalouses et me rejetteront de leur compagnie… En cas de succès, je sortirai de l'anonymat où je me complais. Il me faudra répondre aux attentes des autres et je ne pourrai plus faire ce que je veux et quand je veux… De toute façon, je ne mérite pas de réussir… En plus, le succès risque de me monter à la tête. » Cette peur fait de toi une proie facile pour toutes les personnes qui, peu favorables à la vision que Dieu a pour toi, cherchent à te déstabiliser. Elle nourrit ton imagination avec ce que ces personnes pourraient penser de toi. La meilleure façon de la contrecarrer est de croire que la vraie réussite consiste à accomplir ce qui compte pour toi et surtout ce que Dieu considère comme une réussite et non à te conformer à ce que les autres en pensent ou en disent.

Une peur endémique absurde

Je me souviens très bien de mon expérience dans mon nouvel emploi après avoir été au chômage pendant quatorze mois. Malgré mes excellents résultats au travail, j'étais convaincue d'être incapable et improductive. J'avais une mauvaise image de moi et j'y croyais en dépit des affirmations de mon entourage. Chaque jour, j'avais peur que mon patron découvre que « j'étais nulle » (le plus gros des mensonges) et je m'épuisais ainsi à lui prouver que j'étais à la hauteur au lieu d'accomplir paisiblement mon travail.

Un ami m'a montré comment *prendre courage* dans une telle situation. Il m'a conseillé d'écrire les miracles que Dieu avait faits pour moi et les signes de Sa présence à mes côtés pendant mon temps de chômage. Les preuves de la bienveillance de Dieu m'ont fait prendre conscience de ma valeur. J'ai pu changer de croyance sur ma personne, reprendre confiance en moi et graduellement m'impliquer dans mon travail avec assurance. En tant que coach, je sais que cette peur prend des proportions endémiques chez les femmes. Beaucoup d'entre elles se croient bêtes, incapables ou nulles et craignent que leur entourage ne le découvre. Elles sont prisonnières de cette fausse identité enracinée en elles. Quand Dieu t'appelle, crois-tu qu'Il se trompe ? Pourquoi as-tu peur de manquer d'amour, d'organisation ou de facilité d'élocution pour accomplir ton projet de vie ? Peut-Il s'être trompé en te choisissant ?

On ne trébuche que si on avance.

Anonyme

Trois exemples stimulants !

Parmi le grand nombre de femmes qui ont marqué l'histoire, en voici trois dont l'exemple stimule notre courage.

Au 16ème siècle, en Grande-Bretagne, la reine Elizabeth I institue le droit pour tout citoyen d'être jugé par un tribunal ; elle crée les premiers programmes d'assistance publique pour les personnes âgées, les infirmes et les pauvres. Sous son règne qui dure quarante ans, l'Angleterre connaît la prospérité, la paix et la puissance. Pourtant, elle fut maudite à sa naissance par son père qui désirait un fils, déclarée illégitime par le Pape, et emprisonnée quelque temps à la Tour de Londres par sa demi-sœur Marie Tudor.

Au 19ème siècle, Elizabeth Blackwell devient la première femme médecin aux États-Unis bien que sa candidature ait été rejetée par vingt-neuf écoles de médecine. Après le refus d'embauche de plusieurs hôpitaux, elle ouvre un dispensaire à New York pour femmes et enfants indigents et fonde une école de médecine pour femmes.
Au XXième siècle, en France, au Chambon sur Lignon, petit village de la Haute Loire, Magda Trocmé, aux côtés de son mari, le pasteur André

Trocmé, sauve des milliers d'enfants juifs lors de la Seconde Guerre Mondiale. Elle résiste de façon pacifique aux lois de haine fixées par les Nazis. En conspirant pour le bien, elle choisit justice et amour face à la cruauté et aux pires dangers. Sa vie de courage est admirablement illustrée dans le documentaire de Pierre Sauvage *Les Armes de l'Esprit.*[121]

> *Il est toujours trop tôt pour abandonner, il n'est jamais trop tard pour commencer.*
>
> *Anonyme*

L'exemple de ces femmes nous aide à prendre courage face aux difficultés des missions que Dieu nous donne. Bien que je ne sache pas comment elles ont surmonté leurs craintes, j'aimerais que ma vie ait autant d'impact que leur vie en dépit de mes peurs !

Une insuffisance de courage

Un jour à Calcutta, ma mère et moi avons rassemblé un peu de courage pour offrir nos services au Foyer pour Indigents en fin de vie. À notre arrivée dans ce mouroir, une sœur nous apprend que nous devons faire la toilette de plusieurs femmes en fin de vie. Elle nous laisse le temps de nous adapter, nous laver les mains et enfiler des tabliers sales. La puanteur de la mort imprègne l'air. En dépit de son expérience d'infirmière militaire, même ma mère est terrifiée. Je prie Dieu de calmer mon cœur qui bat la chamade. Quand la sœur nous invite à choisir notre première malade, nous partons à la recherche d'une infime lueur d'espoir parmi ces étrangères à l'agonie. Finalement, sur le tout dernier lit de camp, j'aperçois une femme souriante dont le regard croise le mien. Je m'empresse d'annoncer à la sœur que nous aimerions passer un peu de temps avec cette malade et peut-être lui donner à manger, mais certainement pas la laver et par sécurité, j'ajoute qu'il n'est pas question de lui couper les ongles des pieds !

---

[121] Voir aussi, *La Colline aux Mille Enfants*, film de Jean-Louis Lorenzi, LCJ Éditions et Productions France 2/ France 3 / SFPP.

« Vous n'avez pas fait le bon choix, me répond la sœur à mi-voix. Prenez une autre mourante ; celle-ci est à un stade avancé de la consomption… c'est-à-dire la tuberculose. »

Inutile de m'en dire plus ! Même si j'ai reçu tous les vaccins, la pensée d'un risque imminent de contagion me submerge et je me vois déjà atteinte d'une maladie incurable ! Un seul regard entre mère et fille et nous voilà grimpant quatre à quatre un escalier annexe conduisant sur une terrasse. Parvenues au grand air, nous respirons à pleins poumons et décidons d'y rester jusqu'à la fin de notre temps de service. Je suis en état de choc ! En proie à la culpabilité, pleurant à chaudes larmes, je me couvre de paroles de condamnation : « Comment n'ai-je pas pu m'occuper de quelques femmes mourantes pendant quelques heures ? Je ne suis qu'une ratée, je n'arrive jamais à accomplir une mission. Comment Dieu pourrait-Il me confier un projet de vie quand je ne suis même pas capable de donner un verre d'eau à une étrangère en Son nom ? Qu'est-ce qui ne va pas chez moi ? »

L'amour parfait chasse la peur

En l'espace de quelques minutes, un ange apparaît sous la forme d'une sœur venue dire son rosaire. Pensant qu'elle va nous reprocher d'avoir déserté notre poste, je cherche à me rappeler s'il y a un commandement dans la Bible : « Tu laveras et nourriras les mourants » ! Nous balbutions quelques excuses du style : « … On se sentait mal… on avait besoin de prendre l'air… »

Souriante, notre nouvelle amie nous interroge sur le but de notre visite et répond patiemment à mes questions sur la vie, la paix intérieure, la préparation spirituelle, les objectifs divins et la découverte du sens de notre vie. Elle nous écoute, ne nous condamne pas. Elle nous dit que Jésus comprend nos peurs. Ses conseils résonnent encore à mes oreilles : « Prenez ce que vous avez vu et de retour chez vous, faites-en bon usage. Pensez plus avec votre cœur et moins avec votre tête. Mettez-vous à la place des autres et considérez la vie de leur point de vue. Vous ne pourrez alors servir que dans l'Amour ».[122]

Grâce à ses paroles pleines de chaleur et de générosité, cette étrangère me « lave » et me nourrit spirituellement, alors que je n'ai pas eu le courage de le faire physiquement pour d'autres. Elle me conseille aussi de rechercher de simples opportunités de servir ma famille et mon entourage. En outre, elle m'assure que l'appel de Dieu me sera donné clairement et que je n'ai donc pas à me préoccuper des détails quant au moment ou au lieu, ou même quant à son étendue. Elle me recommande surtout d'accomplir mes rôles actuels avec Amour. De retour chez moi, je me suis appliquée délibérément à suivre ses conseils. Plus j'agis par amour, plus Dieu fait grandir ma foi et mon courage. Il agit comme un banquier mettant mes peurs au débit, effaçant mes dettes et me créditant du courage ! Ce n'est pas logique mais qui suis-je pour remettre Dieu en question ? La croissance dans l'amour fait disparaître les craintes.[123]

Face à notre projet de vie, nous avons le choix : soit de l'accomplir en hurlant de peur, soit en lâchant prise sur nos craintes, en vivant intentionnellement dans l'amour et dans la confiance en Dieu.

---

[122] Conversation avec l'auteur sur le toit du Foyer.
[123] 1 Jean 4 : 18

Conseils de ta coach pour prendre courage

Pour te poser fermement sur la pierre du courage, fais les exercices conseillés ci-dessous. Prends tout le temps dont tu as besoin et répète-les aussi souvent que c'est nécessaire.

Utilise l'approche de la hiérarchie de tes peurs

Fais la liste de tout ce qui te fait peur quand tu penses à embrasser ton projet de vie. Voici quelques exemples :

Être traitée de fanatique ? Ne pas être à la hauteur ? Fâcher quelqu'un qui préfère le statu quo ? Te repentir d'un péché que tu chéris ? Affiner ton caractère ? Manquer d'argent ? Quitter ton emploi ou un engagement actuel ? Rejoindre un cercle biblique ? Rencontrer des étrangers ? Inviter tes voisins ?

- Classe tes peurs par ordre croissant, de la moindre à la pire.
- Demande à quelques amies sûres de prier avec toi pour que Dieu te révèle l'impact de tes peurs sur ton projet de vie.
- Prends position et déclare fermement que Dieu est avec toi.
- Fais un tout petit pas et offre l'une de tes peurs à Dieu.
- Continue avec ta liste, une peur après l'autre, aussi longtemps qu'il faudra.
- Offre-toi une récompense chaque fois que tu as vaincu une peur (mais attention pas d'achats ou de gâteries !)
- Pour tes plus grandes peurs, envisage une démarche d'accompagnement plus spécifique pour guérir en profondeur.[124]

---

[124] Envisage un accompagnement professionnel ou en prière d'écoute théophostique.

Pose-toi deux questions

- Comment la peur me maintient-elle dans l'immobilisme ou le nombrilisme ? Écris ta réponse et revois-la dans une semaine. Si tu ressens de la tristesse en constatant que tu es centrée sur toi, repens-toi de ton égocentrisme devant Dieu.

- Qu'est-ce que la peur m'a volé ? Des occasions de recevoir la bénédiction ou de la donner ? De rencontrer de potentiels collaborateurs/trices ?

Discute de tes réponses avec une amie et demande-lui de te conseiller sur la façon de prendre courage face à tes peurs.

Applique l'approche « Mange ta soupe ! »

Dans ma famille, nous utilisons cette approche pour nous stimuler à accomplir des missions éprouvantes et ça marche ! Parfois il vaut mieux « manger sa soupe » c'est-à-dire donner son premier discours, présenter l'idée d'un nouveau livre, faire une requête délicate, même en tremblant ! « Vas-y » même si tu as peur, aie confiance : Dieu t'accompagnera.

Nourris ton courage avec la Parole de Dieu

La Bible est pleine de passages qui édifient notre courage. En voici quelques-uns tirés des Psaumes. Lis-les, médite-les, recopie-les dans ton journal.

Je ne crains pas ces gens si nombreux postés autour de moi.

Psaume 3 : 6

Même si je marche dans un ravin d'ombre et de mort, je ne crains aucun mal, car Tu es avec moi ; Ton bâton, Ton appui, voilà qui me rassure.

Psaume 23 : 4

Si une armée vient camper contre moi, mon cœur ne craint rien. Même si la bataille s'engage, je garde confiance.

Psaume 27 : 3

J'ai cherché le Seigneur, et Il m'a répondu, Il m'a délivré de toutes mes terreurs.

Psaume 34 : 4

Aussi nous ne craignons rien quand la terre bouge, et quand les montagnes basculent au cœur des mers.

Psaume 46 : 2

Tu ne craindras ni la terreur de la nuit, ni la flèche qui vole au grand jour.

Psaume 91 : 5

Il/elle ne craindra pas les rumeurs méchantes ; le cœur assuré, il/elle compte sur le Seigneur.

Psaume 112 : 7

C'est maintenant le temps de prendre courage

Notre famille avait une chatte que nous appelions Peurette car elle avait peur de tout. Elle se cachait au moindre bruit, se tapissait derrière le canapé dès qu'elle entendait une voix inconnue ou la sonnerie du téléphone, disparaissait pendant des jours comme une évadée en cavale…Notre chatte fantôme illustre parfaitement le comportement des personnes sujettes à la peur.

Ne voudrais-tu pas cesser de prendre la fuite et de te cacher quand tu es confrontée à tes peurs profondes ? Vas-tu avancer dans l'étape « *Prends courage ?* » L'une de mes amies, Janet Congo, écrit au sujet de la peur : « Les femmes chrétiennes positives avancent même quand leurs genoux s'entrechoquent. Savez-vous pourquoi ? Étant restées longtemps à genoux dans la prière, elles savent non seulement *qui* elles sont, mais *à qui* elles appartiennent ».[125] Même si tes genoux tremblent, veux-tu faire confiance à Dieu ? Il est temps de te débarrasser de ce qui te paralyse : peur du ridicule, du succès, de l'échec, de ne pas être à la hauteur… Choisis d'aller au delà d'une fausse perception de toi et de Dieu.

[125] Janet Congo, *Free to Be God's Woman*, Ventura, CA : Regal, 1985, 148.

Éclairage biblique

**LE CHOIX DE VIE D'ESTHER :
PRENDS COURAGE**

Laissons-nous interpeller par la reine Esther - Le livre d'Esther

Quand Esther est appelée à risquer sa vie afin de sauver son peuple, les Juifs, elle répond : « Si je dois périr, je périrai ».

Si aujourd'hui Dieu te donnait une mission périlleuse qui créerait en toi la peur, l'accomplirais-tu quand même jusqu'au bout ? A l'instar d'Esther, est-ce que tu prierais et jeûnerais (en demandant à d'autres de jeûner avec toi) avant de commencer ? Demande à Dieu qu'Il te donne la capacité d'obéir même quand tu ne peux pas dominer tes peurs, afin que rien n'interfère avec ce qu'Il a prévu pour toi maintenant et dans l'avenir.

LIVRES POUR APPROFONDIR

Lecomte Jacques & Vanistendael, Stefan –
Le bonheur est toujours possible

Collectif - ***Oser l'espérance***

Decker Maurice - ***Fidèle quoiqu'il en coûte***

Singer Christiane - ***Du bon usage des crises***

Questions personnelles pour progresser

1. Quelles sont tes plus grandes peurs liées à ton projet de vie ?

2. Lesquelles as-tu soumises à la guérison divine ?

3. Qu'est-ce que Dieu t'inspire de faire au sujet de l'une ou de plusieurs de tes peurs ?

4. Comment réagis-tu à cette citation du pasteur Adrian Rogers : « N'aie pas peur de la volonté de Dieu. Elle ne te conduira que là où la puissance de Dieu te gardera ». [126]

---

[126] Adrian Rogers, *Back to the Basics* : Volume 2 audio series, *How to know the Will of God*, Memphis : Love Worth Finding Ministries, 1994.

Chapitre 12

Glorifie Dieu et va jusqu'au bout de ta vision

[Jésus a prié :] « J'ai fait connaître Ta grandeur et Ta gloire sur la Terre en menant à bonne fin la mission que Tu m'avais confiée. »

Jean 17 : 4

Te souviens-tu des ravissantes clairières que tu apercevais dans le lointain sur l'autre rive quand tu t'es mise en route ? Plus qu'un pas et tu y es ! Ta vie va faire partie de cet attrayant paysage vers lequel se sont portés tes désirs. Le pas que tu vas faire : « *Glorifie Dieu en allant au bout de la vision qu'Il t'a confiée* » est certainement le plus miraculeux et le plus joyeux de tous.

Tu es l'*ouvrage* de Dieu, son *poïema* (mot grec d'où vient le mot poème en français),[127] le plus beau chef d'œuvre de Son immense Amour. Avec art, Il t'a façonnée, avant que tu ne naisses, pour un projet de vie qui réjouira tout ton être, inclura tous tes talents et Lui rendra gloire au travers de tes passions.[128] Certes, Sa gloire ne dépend ni de toi, ni de moi, que nous poursuivions ou non Ses desseins. Mais voulons-nous rater le privilège et l'honneur de participer à Son œuvre sur la terre tout en réalisant notre potentiel irremplaçable ?

---

[127] Éphésiens 2 : 10

[128] Psaume 139 : 13-18

Le grand compositeur Jean-Sébastien Bach signait toutes ses compositions avec les lettres *SDG* qui sont les initiales des mots latins *Soli Deo Gloria* « A Dieu seul soit la gloire ». Le choix t'appartient. Ton désir le plus cher est-il d'apposer les lettres *SDG* sur la symphonie de ta vie ?

Glorifie Dieu en allant au bout de ta vision

Jésus a amené à son plus haut degré une vie quotidienne qui glorifiait Dieu, en achevant Sa mission sur Terre. Il a dit : « J'ai fait connaître Ta grandeur et Ta gloire sur la Terre en menant à bonne fin la mission que Tu m'avais confiée ».[129] Pour l'accomplir, Il communiquait sans cesse avec Son Père afin de recevoir à chaque instant la direction et la force nécessaires.[130]

Devant l'ampleur de la vision que tu as reçue, tu te demandes, à juste titre, comment la mener à son terme. Rassure-toi ! Jésus nous encourage : *« Marchez avec Moi et travaillez avec Moi – regardez comment Je fais. Apprenez les rythmes sans contrainte de la grâce. Je ne poserai sur vous rien de lourd ou de mal adapté. Restez avec Moi et vous apprendrez à vivre libres et sans surcharge ».*[131]

> *Je te connaissais avant même de t'avoir formé/e dans le ventre de ta mère ; Je t'avais mis/e à part pour Me servir avant même que tu sois né/e. Et Je t'avais destiné/e à être mon porte-parole auprès des nations.*
>
> *Jérémie 1 : 5*

Marcher et travailler avec Dieu, c'est un peu comme suivre un GPS personnel qui aide à garder le cap et à avancer dans les aspects difficiles et variés de Sa mission. Dieu connaît la destination et le chemin qu'Il a prévus pour toi. Ta part est de te présenter devant Lui et de Lui dire : « Me voici, mon Dieu, pour

[129] Jean 17 : 4
[130] Jean 5 : 19
[131] Matthieu 11 : 29-30 ; MSG

Te servir aujourd'hui. Que veux-tu que je fasse ? Quelle direction désires-Tu que je suive ? Quelles ressources, forces et relations as-Tu préparé pour moi ? » En considérant tout ce qui doit s'aligner pour achever Ton projet de vie, ne te préoccupe pas outre mesure de l'aboutissement de ta vision. Dieu s'en charge ! Que tu sois en bout de course ou au début de tes préparatifs, ne perds pas espoir à cause de tous les inattendus. Focalise-toi plutôt sur ce que tu sais et fais confiance à Dieu pour ce que tu ne sais pas. Il te rendra capable de mener à bonne fin l'œuvre qu'Il a prévue pour toi.

Quand tu prends au sérieux ta vision, tu commences à lui consacrer la majeure partie de ton temps, de ton énergie, de tes ressources et de tes talents. Peu à peu, ta vie qui te semblait n'être qu'une suite d'expériences et de rôles disparates s'unifie, ta croissance spirituelle s'accélère et ton caractère s'affine. Tes divers rôles et tâches se regroupent tels des lumières concentrées en un puissant rayon laser.

Une personne qui suit une vision se comporte bien différemment de celle qui n'en a pas. Pour elle, la vie gagne en signification et en profondeur, les objectifs se précisent. En concentrant ainsi notre attention sur notre projet de vie, nous permettons l'unification de nos expériences comme si nous employions une lentille pour concentrer et intensifier des rayons de soleil. *

Tom Paterson

Certaines femmes débuteront leur parcours vers leur destinée sur le tard, d'autres prendront de longues pauses et d'autres encore s'octroieront des après-midi de lèche-vitrines. En dépit de nos retards délibérés ou dus aux vicissitudes de la vie, Jésus nous invite par son exemple à mener à son terme la mission qui nous a été confiée. Même si aujourd'hui elle te paraît impossible à achever, fais courageusement le pas suivant pour la gloire de Dieu.

*Tom Paterson, *Living the Life You Were Meant to Live*, Nashville, Thomas Nelson, 1998, 173.

Accroche-toi !

Parvenue à ce point de ton parcours, tu t'engages à glorifier Dieu et je crois qu'Il s'attend à ce que tu ne reviennes pas sur ta décision. Il ne s'agit plus de regarder Jésus de loin dans l'espoir d'apprendre quelque chose ; il est maintenant question de laisser Jésus vivre en toi et manifester par toi Son Amour, Sa puissance et Sa sagesse. On ne se demande plus : « Que ferait Jésus à ma place ? » mais « Comment puis-je collaborer maintenant avec Lui de sorte que Sa gloire se voit à travers moi ? »

Toutefois, « Accroche-toi » ! Dieu peut parfois t'emmener à la vitesse supersonique : tu pousseras alors des cris de joie quand Il te propulsera dans son plan glorieux. D'autres fois, Il te fera traîner à l'allure d'un escargot et tu soupireras quand Il mettra ta patience à rude épreuve.

Laissez-moi compléter le récit de la découverte et de la réalisation de mon projet de vie en vous racontant combien j'ai soupiré pendant ce parcours. Vous connaissez déjà de quelle manière mes questions existentielles sont restées sans réponse pendant de nombreuses années. Vous savez aussi que les impressions et les indices que Dieu me donnait me laissaient perplexe.

> *Ce n'est pas vous qui m'avez choisi, c'est moi qui vous ai choisis ; je vous ai chargés d'aller, de porter des fruits et des fruits durables.*
>
> *Jean 15 : 16*

Quand je suis arrivée à l'église du pasteur Rick Warren, j'avais très envie de participer à son projet de mener notre communauté à la maturité spirituelle et j'aspirais en secret à faire partie de son équipe pastorale. Parce que je ne voyais pas comment ce serait possible, j'ai commencé par offrir bénévolement mes services. Mon rêve me paraissait totalement irréalisable. Soudainement, j'ai été chargée de faire des recherches pour les prédications de mon pasteur. De fil en aiguille, une responsabilité conduisant à une autre, j'ai été appelée à diriger la formation du programme de croissance spirituelle de notre église. Plus tard, il m'a aussi été demandé de créer des supports pour que nos paroissiens atteignent la maturité spirituelle. Puis j'ai été amenée à étudier l'importance de notre parcours vers notre destinée. En accompagnant les femmes de notre église vers leur mission, j'ai commencé à entrer dans mon propre projet de vie : établir deux cents centres de coaching existentiel et spirituel dans le monde.[133]

> *Le plus bel usage que je puisse faire de ma vie, c'est de la passer à faire quelque chose qui durera plus longtemps qu'elle.*
>
> *William James*

Pendant ce long processus, Dieu a opéré des miracles aux moments opportuns. Même si ce parcours a comporté, à mes yeux, des lenteurs et des détours inutiles, la part qui me revenait était de m'accrocher, de donner gloire à Dieu et de me concentrer sur ce qu'Il me demandait de faire à chaque étape. Ma responsabilité était et demeure de croire en Sa promesse de bons projets pour moi. En tant que femme qui a connu un grand vide existentiel, quel privilège d'honorer Dieu en faisant connaître à d'autres femmes le chemin de leur destinée !

Le temps des miracles

Dans cette dernière étape, nous allons vivre des miracles qui nous permettront de surmonter des obstacles, de garder l'espoir pendant de nouveaux délais et de nous guider dans nos choix. Nous en aurons besoin pour mener notre mission à son but. Même les héros bibliques, comme Noé, Abraham, Joseph et bien d'autres auraient été voués à l'échec si Dieu n'était intervenu pour eux avec des prodiges extraordinaires ! De même, pour achever le projet inédit que Dieu t'a réservé, Il fera pour toi des miracles modernes et des exploits incroyables. Il se peut que tu aies déjà vécu des interventions divines mais les femmes qui ont franchi cette étape te diront : « T'as encore rien

[133] Voir Préface à l'édition française.

vu ! »Tu peux t'attendre à ce que Dieu, le Créateur de toutes choses, pourvoie à tout ce dont tu auras besoin quel que soit le temps qu'il t'a fallu ou qu'il te faudra pour recevoir la vision divine. Il interviendra également quelle que soit la quantité de travail que tu dois accomplir, maintenant que ton projet de vie est en vue et même si tu ne te sens pas prête. Tu peux Lui faire confiance, Il te précèdera, Il ouvrira les portes cadenassées et te portera sur les ailes du miracle. Certes, tu devras encore faire ta part, mais en dramaturge omniscient et metteur en scène génial, Dieu disposera la scène de telle sorte que tu puisses jouer ton rôle pour Sa gloire dans la magistrale production qu'Il orchestre. Cela ne veut pas dire que tu ne rencontreras plus de problèmes ou d'épreuves dans ce monde déchu. Tu peux toutefois compter sur Dieu pour qu'Il opère des miracles inimaginables en ta faveur.

Quand tu réaliseras que Dieu t'a fait sortir de la petitesse et l'étroitesse de tes propres pensées pour te donner une position stratégique dans sa grandiose production, tu seras confondue d'admiration et de reconnaissance. Heureuse de ne pas avoir abandonné, tu camperas fermement sur le rocher qu'est ton Dieu Tout-puissant. Levant les mains vers le ciel dans un élan de joie et de gratitude, tu t'écriras : « Merci Jésus, de m'avoir permis, à moi, une simple femme, de te rejoindre dans ce que tu fais aujourd'hui. Tu m'as choisie et appelée alors que j'en étais indigne. J'étais incapable, mais Tu m'as formée et Tu as ouvert le chemin devant moi. Je te remercie pour l'immense privilège que Tu me fais en Te servant de moi. »

Découvre la vraie joie

En menant à bonne fin notre projet de vie, quelle joie ce sera d'entendre les paroles encourageantes de notre Dieu *« C'est bien, bon/ne et fidèle serviteur/servante ! »*[134] Cependant, nous pouvons dors et déjà connaître la joie en vivant quotidiennement dans Sa volonté. La vraie joie ne dépend pas des circonstances. Elle nous remplit quand nous intégrons ce que Jésus a fait pour nous et que notre vie, saturée de la présence de

[134] Matthieu 25 : 21

Dieu, se donne à autrui. Elle se ressent comme un plaisir indicible, une intense satisfaction et une gaieté explosive. Au cours de mon laborieux parcours en quête de ma destinée, j'ai grandi dans ma relation avec Jésus.

Mon intimité de plus en plus profonde avec Lui m'a finalement permis de comprendre ce que voulait dire Mère Teresa en parlant de *joie à l'état pur*. Elle puisait en Jésus sa joie profonde que même les conditions les plus sordides ne pouvaient éteindre. Quand nous glorifions Dieu en accomplissant Son œuvre, nous pouvons ressentir une telle joie que certaines se demandent si ce n'est pas un *péché*. Cette pensée appartient principalement à ceux et celles qui croient qu'ils n'ont pas le droit d'être heureux ou que la réalité est dure et que le service de Dieu est censé être « notre croix ». Mais je peux t'assurer que tu ne pèches pas quand tu ressens l'approbation divine : c'est le cadeau de Dieu !

Dans le film *Les Chariots de Feu*, nous découvrons comment l'athlète Eric Liddell en s'entraînant dans les collines d'Écosse devient recordman et champion olympique à Paris en 1924. Interviewé après sa victoire dans le 400 mètres, il explique sa passion et sa motivation pour la course, par la joie qu'il ressent : « Lorsque je cours, je sens le plaisir de Dieu ». Toi et moi pouvons aussi éprouver la joie que Dieu ressent quand Il nous voit faire ce pour quoi Il nous a créées.

Quelle merveille de constater que Dieu m'a conçue pour que je vive épanouie, dans la joie et au maximum de mon efficacité, alors que je fais simplement pour Sa gloire ce que j'aime faire ! Pour moi, cette expérience est le plus beau cadeau que Dieu ait prévu pour Ses créatures.

Le jour où j'ai enfin discerné ce à quoi Dieu m'appelait, j'ai décrit mon ressenti de la façon suivante dans mon journal : « A l'âge de 47 ans, j'ai la curieuse impression que les plans de Dieu pour moi s'accélèrent et que la vie avec Jésus va être mille fois plus passionnante, plus joyeuse, plus miraculeuse que je ne l'imaginais.

Goûter au dessein divin pour ma vie est pour moi comme découvrir un coffre rempli d'espérance, comme apercevoir Dieu pendant une fraction de seconde. Je déborde de reconnaissance au point de m'écrier : « Si on me donnait à choisir entre un siècle de plaisirs terrestres et une seconde de vie dans la volonté de Dieu, je n'hésiterais pas ! »

> *Pour moi, ma vie ne compte pas. Ce que je veux, c'est aller jusqu'au bout de ma mission. Je veux faire tout ce que le Seigneur Jésus m'a demandé, c'est-à-dire rendre témoignage à la Bonne Nouvelle de l'Amour de Dieu.*
>
> *Actes 20 : 24*

Conseils de ta coach pour glorifier Dieu et aller jusqu'au bout de ta vision

Les conseils ci-dessous t'aideront à glorifier Dieu à chaque pas que tu fais sur le chemin de ta destinée.

Parle de tes impressions et de tes intuitions

Comme je l'ai entendu dire par Erma Bombeck, « Il faut beaucoup de courage pour faire part de nos visions à quelqu'un d'autre ». Demande à Dieu qu'Il te donne une partenaire de prière qui agira comme conseillère ou coach. Confie-Lui les impressions que tu reçois en lien avec ta mission. Prie pour qu'en plus de t'accompagner dans ta recherche, elle te stimule aussi pour atteindre une plus grande maturité spirituelle. Ne traverse pas *le cours d'eau* seule, mais permets à une autre femme d'être témoin de la réalisation d'un miracle.

Continue à faire le ménage

Dis à Dieu que tu es prête à faire le ménage plus à fond, à enlever les toiles d'araignées qui se cachent dans les recoins de tes pensées et de tes actes ! Demande-Lui de t'aider à te débarrasser de ce qui fait obstacle à une participation plus active au Royaume de Dieu.

Consigne par écrit les miracles

Il est bon de tenir un journal de ta vie spirituelle. Garde le souvenir des miracles que Dieu a déjà faits dans ta vie. À l'avenir, pense à consigner par écrit ceux qu'Il accomplira. Comme dit le psalmiste : *« Je me rappellerai ce qu'a fait l'Éternel. Oui, je veux évoquer Tes miracles passés ».*[135] En les notant, puis en les relisant dans tes moments difficiles, tu seras fortifiée.

Choisis la joie, choisis Jésus !

Alors que tu te trouves en proie aux épreuves, aux défis, aux revers, fais un choix radical ! Minute après minute, décide de te concentrer sur Jésus, la source de la vraie joie. Même dans ton emploi du temps surchargé, choisis de croire qu'Il s'intéresse aux morceaux épars de ta vie brisée et entretiens avec Lui un dialogue profond et constant. Aime les autres et n'oublie pas d'honorer Dieu dans tout ce que tu fais. Choisis la joie en choisissant Jésus ! Que Son Amour rayonne à travers toi !

C'est maintenant le temps de glorifier Dieu et d'aller jusqu'au bout de ton projet de vie

Vas-tu répondre avec passion à l'appel de Dieu et Le *glorifier en menant à bonne fin l'œuvre qu'Il t'a donnée d'accomplir* ?

À quoi consacres-tu ton énergie ? La gratification immédiate de tes besoins ? La puissance ? La richesse ? Veux-tu collaborer chaque jour à ce que Dieu est en train d'accomplir, en mettant à sa disposition ce que tu aimes faire ?

Arrête-toi sur ta route. Écoute ce que dit le prophète Jérémie : *« Renseignez-vous sur les chemins d'autrefois. Cherchez le bon chemin et suivez-le. Alors vous trouverez le repos pour vous-mêmes ».*[136]

Si j'avais une prière à exprimer pour toi qui viens de lire ce livre, je demanderais à Dieu qu'Il affermisse tes pas sur chacune des pierres de ta traversée afin que tu atteignes l'autre rive. Je prierais aussi qu'Il te

---

[135] Psaume 77 : 11
[136] Jérémie 6 : 16

parle dans la promesse ci-dessous. Remplace chaque fois les pointillés par ton nom :

> *Je serai pour .... comme une rosée bienfaisante. Alors .... fleurira comme un lis, ... s'enracinera comme les arbres du Liban. .... deviendra florissant[e], [belle] comme un olivier, et ....répandra le parfum des forêts du Liban.*[137]

Aie confiance : Dieu accomplit Ses plans merveilleux à travers toi. Que ton cheminement avec Jésus te rende passionnément amoureuse de Lui !

[137] Osée 14 : 5-6

Éclairage biblique

LE CHOIX DE VIE DE SARAH :
GLORIFIER DIEU EN ACHEVANT L'ŒUVRE QU'IL T'A DONNÉE A FAIRE.

Laissons-nous interpeller par Sarah - Genèse 18 : 1-15

Sarah entend trois mystérieux visiteurs annoncer à son époux Abraham qu'elle va avoir un fils. Âgée de 99 ans, elle rit, doute et frôle l'avortement du projet de Dieu pour elle.

Si Dieu te donnait un rêve *impossible*, quelle serait ta réaction ?

Vas-tu glorifier Dieu en menant à bien la mission qu'Il t'a donnée, quels que soient les obstacles qu'il revient à Dieu d'enlever ?

LIVRES POUR APPROFONDIR

Warren Rick – ***Une vie, une passion, une destinée : pourquoi suis-je sur la terre ?***

Zundel Maurice – ***L'Hymne à la joie***

Collectif – ***Oser la vie***

Soria Sophie – ***Un coach nommé Jésus***

Questions personnelles pour progresser

1. Médite sur le verset suivant : *« Je t'ai laissé vivre pour te montrer Ma puissance et pour faire connaître Mon Nom sur toute la Terre ». Exode 9 : 16.*
   En quoi cette parole t'interpelle-t-elle ?

2. Mets par écrit un ou plusieurs pas que tu as déjà faits sur le chemin de ta destinée. Revois tous les exercices proposés dans ce livre. Fixe-toi l'objectif sur trois mois de retourner faire les pas que tu as omis ou ceux que tu as besoin de refaire.

Les pas à faire sur le chemin de ta destinée

- Oublie le passé et avance vers le but. Guéris de tes blessures et mets ton espoir dans le projet de vie que Dieu a pour toi.
- Fais aujourd'hui ce que Dieu t'envoie faire dans le monde. Assume tes rôles actuels.
- Aime comme Jésus aime. Développe des relations saines.
- Cherche la paix et poursuis-la. Connais la paix intérieure.
- Repens-toi et détourne-toi de tous tes péchés. Change tes façons de penser et d'agir.
- Apprends à servir humblement, comme Jésus a servi et a dit : « Lavez-vous les pieds les uns aux autres ».
- Vis dans l'intégrité, et non la duplicité. Vérifie tes motivations.
- Attends-toi à ce que Dieu te donne ce que ton cœur désire. Aventure-toi avec tes passions et accueille ton originalité, ta simplicité.
- Abandonne ta vie quotidiennement à Dieu comme une offrande. Lâche prise et fais confiance.
- Désire ardemment que Dieu te révèle la vision qu'Il a pour toi. Attends la vision et risque l'engagement.
- Prends courage. Avance avec assurance.
- Glorifie Dieu en achevant l'œuvre qu'Il t'a donnée de faire.

Guide pour accompagnement personnalisé ou groupes de discussions

Le livre *De mon quotidien vers ma destinée* se prête à divers niveaux d'utilisation. Il peut servir :

- comme *coach virtuel* pour une personne en recherche de sa destinée
- comme manuel de base pour un coach existentiel et spirituel dans l'accompagnement personnalisé ou
- comme manuel d'étude pour des rencontres de groupe chez soi, dans une salle communale ou dans une église.

Le *Guide pour Groupes de Discussions* exposé ci-dessous facilitera votre démarche.

Quelques conseils pour l'animation :

- Les questions suivantes sont organisées en fonction des chapitres pour 12 rencontres.
- L'animatrice ou la coach, en concertation avec son groupe, doit convenir de la fréquence et de la durée des rencontres, une heure au minimum, et s'y tenir impérativement.
- Les questions (au nombre de 7 minimum et 11 maximum) offrent suffisamment de matière pour nourrir les échanges. L'animatrice ou la coach est libre de choisir les questions les mieux adaptées à son groupe.

- Il est indispensable que chaque participante se prépare à la rencontre en lisant attentivement le chapitre à couvrir.
- L'animatrice ou la coach s'abstient de monopoliser le temps de parole. Elle favorise la participation et l'écoute attentive de chacune. Elle stimule la mise en application et veille à ce que chacune fasse des pas concrets.
- La priorité dans chaque rencontre reste le développement de relations chaleureuses et matures ainsi que l'ouverture à la prière les unes pour les autres.

Les conseils ci-dessus s'appliquent également à l'accompagnement personnalisé.

Remarque : L'auteur suggère qu'il est possible de présenter les 12 étapes de ce livre lors d'un week-end afin de susciter l'intérêt pour ce type de parcours vers la maturité spirituelle. Elle conseille alors 4 sessions plénières suivies de discussions en petits groupes fondées sur les questions ci-dessous.

Contacts francophones pour le coaching existentiel et spirituel

Viviane Haenni
CEPSI-Coaching en collaboration et partenariat avec
Life Purpose Coaching Centers, International®

CEPSI-PLEROMA & CEPSI-Coaching
Site : www.cepsi-pleroma.org

Courriel : info@cepsi.org

Chapitre 1
Laisse le passé derrière toi

1. Pour ouvrir la première rencontre, inviter le groupe à discuter de l'une des questions suivantes.

- Mon existence a-t-elle de l'importance dans ce monde ? Puis-je faire la différence pour quelqu'un ?
- Pourquoi ne suis-je pas heureuse ? Pourquoi est-ce que j'accumule les regrets ?
- C'est rien que ça la vie ?
- Pourquoi ai-je le sentiment d'avoir échoué ?
- Pourquoi est-ce que je ne trouve plus de plaisir dans mes responsabilités familiales ou professionnelles ou dans mon engagement à l'église ? Pourquoi ce ressenti d'insatisfaction ?
- Comment trouver ma place et entrer dans le changement ?
- Quand ai-je laissé tomber mes rêves et mes passions ?
- Si j'entendais maintenant l'appel de Dieu, est-ce que j'aurais le temps ou même la force émotionnelle d'y répondre ?

2. Imagine-toi en train de porter une grosse charge, comme un énorme sac à dos. Quelles sont tes impressions en perdant l'équilibre à cause de ce poids supplémentaire ? En quoi le fait de porter le « poids émotionnel supplémentaire » du passé t'affecte-t-il aujourd'hui ?

3. En quoi ton passé, tant ce qui était bon que ce qui était mauvais et que tu as géré, a-t-il déjà eu un impact positif sur ta vie ? En d'autres termes, ton caractère en a-t-il été amélioré ? Ta compassion pour les autres approfondie ? As-tu acquis plus d'humilité ou de patience ? As-tu recherché le pardon ou appris à pardonner ?

4. Raconte une expérience que tu as vécue dans laquelle tu as consolé une personne par la consolation que tu avais toi–même reçue de la part des autres et de Dieu (2 Corinthiens 1 : 3-7, surtout verset 5).

En quoi cette expérience a-t-elle modifié ta compréhension de l'action de Dieu dans le monde ?

5. En quoi ton histoire évoque-t-elle tes épreuves, ton brisement et ta restauration ?

6. Relire l'histoire de Marie de Magdala en Luc 8 : 2 et Jean 20 : 1-18 dans l'optique d'« oublier le passé et avancer vers le but ». Quels défis et quelles applications pour nous ?

7. Parmi les activités proposées au chapitre 1, lesquelles envisages-tu de poursuivre cette semaine ? Pourquoi ?

- Raconte par écrit ton passé douloureux pour t'aider à le traiter
- Recherche une aide professionnelle
- Rappelle-toi une expérience de guérison
- Prends dans la prière la décision de faire confiance à Dieu
- Mets par écrit l'histoire de ton parcours
- Réfléchis : à qui ma guérison donnera-t-elle de l'espoir ?
- Recherche la compagnie de celles qui vivent l'espoir

Chapitre 2
Fais ce qui est important aujourd'hui

1. Lesquels de tes rôles dans ta vie présente te procurent beaucoup de joie ? Lesquels provoquent chez toi une immense fatigue ?

2. Discussion : As-tu l'impression qu'il y a un rapport direct entre la façon dont tu accomplis tes tâches quotidiennes et un projet de vie passionnant dans l'avenir ?

3. Raconte une expérience où tu as ressenti l'approbation divine pour ton obéissance et ta fidélité dans ton train-train quotidien.

4. Raconte une expérience où tu as mis la Parole de Dieu en pratique dans tes tâches quotidiennes. En quoi cette expérience t'a-t-elle marquée ? Est-ce habituel chez toi ?

5. Discussion : as-tu tendance à rêver de grands projets pour l'humanité et pour Dieu plutôt que d'être satisfaite du sens actuel de ta vie ?

6. Relire l'histoire de Lydie en Actes 16 : 11-15 dans l'optique de « Faire ce qui est important aujourd'hui ». Quels défis et quelles applications pour nous ?

7. Qu'est-ce que Dieu veut que tu sois et que tu fasses dans ton train-train quotidien ?

8. En quoi es-tu déjà officiellement une « missionnaire » envoyée par Dieu chez toi, dans ton entourage, au travail, dans la société ?

9. Parmi les activités proposées au chapitre 2, lesquelles envisages-tu de poursuivre cette semaine ? Pourquoi ? Au sein de cette démarche :

- Donne un ordre de priorité à tes rôles
- Prends soin de toi
- Ne panique pas
- Saisis les occasions

Chapitre 3
Aime comme Dieu aime

1. Discussion : où te places-tu sur l'échelle de l'amour ?

0 - Les gens sont des obstacles sur mon chemin, je les écrase.
3 - Je supporte les gens pour en obtenir ce que je veux.
5 - Beaucoup de personnes sont bizarres mais ça vaut la peine de s'investir pour les connaître.
7 - J'aime la plupart des gens.
10 - Chaque personne que je rencontre est précieuse.

2. Te souviens-tu d'une occasion où tu t'es engagée dans une mission dans laquelle tu as grandi spirituellement sans aimer autrui ? Raconte ton expérience au groupe.

3. Comment réagis-tu à l'affirmation suivante : « Entretenir des relations saines dans l'amour n'est pas une simple suggestion mais un commandement biblique ».

4. Sans te sentir obligée d'entrer dans les détails, relate les leçons que tu as tirées des expériences douloureuses suivantes : ne pas poser de limites, manquer de confiance, refuser de s'engager, entretenir la haine, subir l'abus, vivre la co-dépendance, souffrir de l'abandon.

5. Avec quelles personnes partages-tu tes découragements et tes joies ?

6. Explique en quoi tu es atteinte - ou non - de *la fièvre de l'arrivée*, c'est-à-dire que tu te préoccupes plus d'arriver à tes buts que d'apprécier les gens sur ta route, les joies de l'amour et du moment présent.

7. En quoi être perfectionniste peut-il freiner notre amour pour autrui ?

8. Discussion : la vie pour toi ressemble-t-elle plus à une course à trois pieds (me lier à quelqu'un d'autre pour avancer) ou à un jeu de solitaire ?

9. Lire 1 Corinthiens 13, « le chapitre de l'Amour », dans une version moderne comme Parole de Vie ou La Bible du Semeur. En quoi les paroles de l'apôtre Paul rappellent-elles le commandement de Jésus en Jean 13 : 34-35 ?

10. Parmi les activités proposées au chapitre 3, lesquelles envisages-tu de poursuivre cette semaine ? Pourquoi ? Au sein de ta démarche :

- Prends note de tes actes d'amour
- Mets-toi en contact avec d'autres personnes croyantes
- Pardonne
- Développe de nouvelles habitudes relationnelles
- Prie pour les cas difficiles

Chapitre 4
Poursuis la paix

1. Comment réagis-tu à ce commandement biblique : « *Recherche la paix et poursuis-la !* »

2. Où te places-tu sur « l'échelle Richter de la paix intérieure » ?

Désespoir total				Semi-sérénité					Paix
1	2	3	4	5	6	7	8	9	10

3. Relire l'histoire des deux sœurs, Marie et Marthe en Luc 10 : 38-42. Discussion : « En quoi notre type de personnalité affecte-t-il notre concept de la poursuite de la paix » ?

4. Discuter de cette idée : « Dans la sérénité, j'apprends à reconnaître la voix de Dieu, ce qui facilite ma compréhension des missions présentes et à long terme qu'il me confie. »

5. Comment prends-tu des décisions sur les questions familiales, les finances, les projets ? Comment aimerais-tu les prendre ?

6. Selon toi, quel est le lien entre la prière, la paix et le sens de la vie ?

7. Parler des diverses façons d'être à l'écoute de Dieu tout en accomplissant nos tâches journalières. Peux-tu envisager d'essayer une nouvelle manière cette semaine ?

8. En quoi la poursuite de la paix est-elle en elle-même un objectif de vie ?

9. Relate une occasion où, quand tu as passé du temps avec Dieu, il t'a donné des directives ou des convictions.

10. Parmi les activités proposées au chapitre 4, lesquelles envisages-tu de poursuivre cette semaine ? Pourquoi ? Au sein de cette démarche :

- Pratique le silence
- Arrête le bavardage intarissable de tes pensées
- Envoie des « prières flèches » toute la journée
- Ne te culpabilise pas si tu t'endors pendant le silence
- Change délibérément de rythme
- Fuis ce qui tue la paix

Chapitre 5
Détourne-toi de toutes tes fautes

1. Relire la phrase au début du chapitre : « La pierre *repens-toi et détourne-toi de toutes tes fautes* provoque chez de nombreuses femmes des pas hésitants, un peu comme si elles apprenaient à danser la salsa, un pas en avant, un pas en arrière ».

Raconte un exemple précis de tes hésitations lors d'un choix de repentance dans le passé.

2. Selon toi, quelle est la relation entre la formation de ton caractère et ton projet de vie ?

3. Relate en quoi la repentance t'a amenée à changer ta façon de penser et de vivre à une époque de ta vie.

4. Que préconises-tu comme actions préventives pour éviter ou surmonter la tentation ?

5. En quoi reconnais-tu ta participation à plusieurs des péchés universels cités par les jeunes détenus : égoïsme, jalousie, mépris de soi, entêtement, convoitise, paresse, critique, violence, dépendances, obsessions, gratification immédiate ?

6. Relire l'histoire de la rencontre de Jésus avec la Samaritaine dans Jean 4 : 4-42. Qu'est-ce qui montre qu'elle se repent ?

7. Relate le changement radical que tu as constaté chez une personne après sa repentance.

8. Parmi les activités proposées au chapitre 5, lesquelles envisages-tu de poursuivre cette semaine ? Pourquoi ? Au sein de cette démarche :

- Tourne-toi vers Dieu
- Use de patience envers toi
- Réfléchis aux conséquences de tes mauvais comportements
- Imagine les bienfaits de ta repentance
- Accepte les reproches
- Positionne-toi et dis « Non ! »
- Sois sincère envers toi-même concernant cinq mauvais comportements
- Fais la prière suggérée dans le chapitre

Chapitre 6
Sers avec humilité

1. Une personne du groupe a-t-elle effectivement lavé les pieds ou coupé les ongles des orteils de quelqu'un (sauf de ses propres enfants) ? Raconter l'expérience. Si non, relater une expérience de service à autrui particulièrement difficile.

2. Lire le récit du lavement des pieds des disciples par Jésus en Jean 13 : 1-17. Quelles leçons tirons-nous des versets 13-17 ?

3. Que penses-tu de la déclaration de Henry Blackaby et Claude King : « Observe ce que Dieu est en train de faire et rejoins-le dans son œuvre » ? Quelles occasions de service et quels défis se présenteraient alors à toi ?

4. Quand et comment as-tu appris que servir autrui avec humilité faisait partie des buts de Dieu pour ta vie ?

5. Relate comment Dieu a développé le ministère et étendu l'influence d'une personne qui lui obéissait dans le service à autrui.

6. Raconte comment tu apprends patience et compassion alors que tu avances dans l'accomplissement de ton projet de vie.

7. Où en es-tu dans la découverte de tes dons spirituels ?

8. Parle d'une chose que tu as apprise lors d'un engagement de service auprès d'autrui.

9. T'est-il arrivé d'obéir sur le champ et avec une attitude positive à ce que Dieu te demandait ? Raconte ton expérience.

10. Parmi les activités proposées au chapitre 6, lesquelles envisages-tu de poursuivre cette semaine ? Pourquoi ? Au sein de cette démarche :

- Saisis aujourd'hui une occasion de te donner
- Pense au long terme
- Reste dans l'équilibre ; garde-toi une certaine marge
- Sers avec tes dons spirituels
- Essaie de marcher avec de nouvelles chaussures de service

Chapitre 7
Vis dans l'intégrité

1. Quelles sont tes motivations en demandant à Dieu de te révéler ton projet de vie (par exemple, satisfaire ta curiosité, te vanter, ou bien servir Dieu et autrui) ? La lecture du chapitre 7 a-t-elle mis en lumière d'autres motivations ?

2. Comment le commérage peut-il être la raison sous-jacente d'une intention de prière ?

3. Sans donner de noms ou de détails révélateurs, relate une circonstance où tu as été témoin d'un manque d'intégrité qui a amené la personne à des attitudes pernicieuses : tromperie, jalousie, calomnie, intrigues, malveillance, flatterie, perfidie. Quelles ont été les répercussions les plus graves de la duplicité de cette personne ?

4. Réfléchir aux mobiles impurs qui peuvent nuire à nos relations : manipuler une situation, contrôler une opinion, chercher à nous venger, créer des ennuis, mettre quelqu'un dans l'embarras ou nous faire valoir. Quand nous reconnaissons ces motivations en nous-mêmes, comment pouvons-nous collaborer avec Dieu pour les contrecarrer ?

5. Lire les trois passages bibliques : 1 Chroniques 28 : 9 ; Proverbes 16 : 2 ; 1 Corinthiens 4 : 5. Discuter des concepts qui y sont présentés.

6. Souviens-toi d'une occasion où toi ou quelqu'un d'autre a agi par sentiment de culpabilité. Avec ce que tu sais maintenant, comment réagirais-tu ou quel conseil donnerais-tu ?

7. Parmi les activités proposées au chapitre 7, lesquelles envisages-tu de poursuivre cette semaine ? Pourquoi ? Au sein de cette démarche :

- Prends conscience d'un de tes actes de duplicité
- Apporte tes mobiles impurs à Dieu
- Accorde-toi avec une amie

Chapitre 8
Tends vers ce que ton cœur désire

1. Comment comprends-tu le verset : « *Trouve ta joie dans le Seigneur, il te donnera ce que ton cœur désire.* » Psaume 37 : 4

2. Quels sont tes combats contre les pensées suivantes : « *Dieu ne va probablement pas me donner ce que je veux vraiment.* » « *Les passions sont un piège du « malin » pour que je sois tentée de désirer les biens de ce monde.* » « *Je ne mérite pas de recevoir une vie passionnante.* »

3. Quelle est ta perception de Dieu : le Maître de l'univers qui t'intimide, le juste Juge, le Roi tout-puissant, un Merveilleux Conseiller, Abba, c'est-à-dire Père, Papa ? En quoi est-elle un avantage ou un frein pour que tu vives avec de saines passions ?

4. Comment répondrais-tu si on te posait les questions suivantes : *Pourquoi Dieu permettrait-il à la mauvaise femme que je suis de faire ce qu'elle aime ? Et si Dieu n'approuvait pas mes désirs profonds ?*

5. En quoi de saines passions nous protègent-elles des dépendances ?

6. Selon toi, quelle est la relation entre tes passions saines et ton projet de vie ? Parle de l'une d'elles et en quoi elle contribue à ce projet.

7. Parmi les activités proposées au chapitre 8, lesquelles envisages-tu de poursuivre cette semaine ? Pourquoi ? Au sein de cette démarche :

- Refuse la jalousie
- Rêve
- Explore du nouveau

Chapitre 9
Lâche prise

1. As-tu envie ou peur de consacrer ta vie à Dieu ? Explique pourquoi.

2. Comment réagis-tu en lisant la phrase suivante : « Toute la création, y compris toi et moi, appartient à Dieu. Notre vie nous est seulement prêtée. Nous sommes les gérants de ce que Dieu nous a confié. »

3. Décris des idoles modernes qui te paraissent séduisantes (une idole, c'est tout ce qui occupe, dans ta vie, une position plus élevée que Dieu). Comment peut-on vaincre l'idolâtrie ?

4. Lire le récit de la visite de l'ange Gabriel à Marie en Luc 1 : 26-38. Discussion : quels défis et quelles applications sur le lâcher prise tirons-nous de ce passage ?

5. Pourquoi penses-tu qu'il est important d'abandonner à Dieu ce que tu rêves d'accomplir pour lui ?

6. En quoi la pratique du lâcher prise te prépare-t-elle aux missions futures que Dieu te donnera ?

7. En quoi brandir le pavillon blanc de la reddition à Dieu constitue-t-il une victoire ?

8. Quand et comment as-tu réalisé pour la première fois que la consécration à Dieu était un objectif distinct, tangible et ordonné de Dieu pour aujourd'hui ? Quel impact cette prise de conscience a-t-elle eu sur toi ?

9. Raconte une expérience de lâcher prise que toi ou une autre personne avez vécue et qui a permis au Divin Conseiller de mieux vous guider.

10. Si tout ce que tu as abandonné à Dieu t'était enlevé, ton amour pour Dieu et ton désir de le suivre en seraient-ils affectés ?

11. Parmi les activités proposées au chapitre 9, lesquelles envisages-tu de poursuivre cette semaine ? Pourquoi ? Au sein de cette démarche :

- Cherche la vérité
- Fais des recherches
- Calcule la dépense
- Reçois la pensée de Jésus
- Déclare ce que tu abandonnes
- Demande la prière et avance
- Lâche prise un jour à la fois

Chapitre 10
Attends la vision

1. Discussion : Es-tu impatiente de connaître la vision que Dieu a pour toi ?

2. Quelle serait ta réaction si la voix de Dieu se faisait entendre sur ton répondeur : « Voici ta mission pour le reste de ta vie. Tu m'honoreras, si toutefois tu choisis de l'accepter. » ? As-tu déjà accepté un ordre de mission ?

3. Relate une expérience où tu t'es peut-être posé l'une de ces questions :

- Suis-je occupée à faire quelque chose qui empêche Dieu de me parler ?
- Est-ce que Dieu m'a déjà fait connaître ma mission et je ne l'ai pas perçu ?
- Supposons que Dieu me révèle ses pensées et je ne veux pas faire ce qu'il me dit ?

4. As-tu l'impression que Dieu t'a déjà donné un aperçu de ton projet de vie, de cette tâche humainement impossible qu'il a prévue pour toi ?

5. Revois la liste des personnages bibliques donnée dans ce chapitre. Lequel t'inspire particulièrement ? Pour quelles raisons ?

6. Comment réagirais-tu si la tâche que Dieu te demandait te rendait ridicule aux yeux des autres (comme Noé qui construit une arche sur la terre sèche) ?

7. Jusqu'à quel point t'es-tu préparée à accomplir la vision de Dieu pour ta vie ? As-tu commencé ? As-tu demandé à Dieu de te la faire connaître ? Admis que tu l'as perçue ? Recherché des conseils ? Commencé le travail après avoir reçu tes premières instructions ?

8. Comment réagis-tu en sachant que recevoir une vision « revient à signer un contrat par lequel tu t'engages à collaborer avec Dieu toute ta vie ? »

9. Discussion : Crois-tu vraiment que Dieu va te donner une *épiphanie*, te montrer clairement qui il est et que tu peux l'adorer par ta vie et la réalisation de ta vision ?

10. Parmi les activités proposées au chapitre 10, lesquelles envisages-tu de poursuivre cette semaine ? Pourquoi ? Au sein de cette démarche :

- Prie et demande à d'autres de prier
- Aie confiance
- Pratique la patience
- Demande à Dieu de te parler personnellement

Chapitre 11
Prends courage

1. Parle de l'une de tes peurs sauf si cela te met dans l'embarras.

2. Relate une occasion où Dieu s'est servi de toi en dépit de tes peurs.

3. Qu'est-ce qui te déplaît le plus dans ce que tes peurs provoquent : perte de créativité, de productivité, de relations, de joie … ?

4. Raconte une expérience où tu as persévéré malgré tes peurs. Comment Dieu a-t-il utilisé cette expérience dans ta vie ?

5. Discussion. Parmi les peurs suivantes, lesquelles prédominent dans ta vie ou dans la vie des autres : peur du ridicule et de la critique, peur de l'échec, peur du succès ou peur endémique absurde ?

6. Lire Ésaïe 43 : 1-5. Comment ce passage te parle-t-il ? : *« N'aie pas peur, je t'ai libéré/e, je t'ai engagé/e personnellement, tu m'appartiens... N'aie pas peur, je suis avec toi ».*

7. Raconte l'histoire d'une personne courageuse que tu as connue ou dont tu as lu la biographie.

8. Actuellement, connais-tu des circonstances où Dieu te demande de « marcher sur l'eau », les yeux fixés sur lui ?

9. Parmi les activités proposées au chapitre 11, lesquelles envisages-tu de poursuivre cette semaine ? Pourquoi ? Au sein de cette démarche :
   - Utilise l'approche de la hiérarchie de tes peurs
   - Pose-toi deux questions : Comment la peur me maintient-elle dans le nombrilisme ? Qu'est-ce que la peur me vole ?
   - Applique l'approche « Mange ta soupe ! »
   - Nourris ton courage avec la Parole de Dieu

Chapitre 12
Glorifie Dieu en allant au bout de ta vision

1. Lire le récit du « rêve impossible » de Sarah en Genèse 18 : 1-15 et son accomplissement en Genèse 21 : 1-7. Quels défis et quelles applications peut-on tirer de ces passages ?

2. Selon ton point de vue, de quels miracles aurais-tu besoin pour accomplir l'œuvre que Dieu t'a donnée à faire ?

3. Sur quels domaines de ta vie aurais-tu le plus de mal à apposer les lettres *SDG Soli Deo Gloria* « À Dieu seul soit la gloire » ?

4. T'est-il déjà arrivé de dire : « Merci Jésus, de m'avoir accordé le privilège de pouvoir te servir » ? Dans quelles circonstances ?

6. Raconte les difficultés pour trouver l'équilibre entre tes divers rôles et pour gérer tes talents, ta croissance spirituelle, ton temps, ton énergie et tes ressources. Comment la perception de la vision de Dieu pour ta vie va-t-elle t'aider à tout concentrer sur le projet de Dieu pour toi ?

7. Exprime la joie pure et profonde que tu connais en accomplissant le projet de Dieu.

8. Parmi les activités proposées au chapitre 12, lesquelles envisages-tu de poursuivre cette semaine ? Pourquoi ? Au sein de cette démarche :
   - Parle de tes impressions et intuitions
   - Continue à faire le ménage dans ta vie
   - Consigne par écrit les miracles
   - Choisis la joie ; choisis Jésus

9. Revois les pas à faire sur le chemin de ta destinée présentés dans ce livre. Choisis-en un et raconte comment la mise en pratique de cette étape a fait la différence dans ta vie.

Table des matières

Bibliographie

Les livres français de cette bibliographie ne reflètent peut-être pas tous la pensée de Katie Brazelton. Ils ont été sélectionnés au plus près de sa philosophie de coaching existentiel et spirituel selon les thèmes de chaque chapitre. Chaque lecteur/trice pourra ainsi approfondir les sujets présentés dans une veine de réflexion proche de celle de l'auteur. Dans la bibliographie ci-dessous, nous avons tenu à inclure tous les ouvrages anglais proposés par Katie Brazelton pour son livre.

Basset, Lytta, Aimer sans dévorer,
Paris : Albin Michel, 2010.

Basset, Lytta, Guérir du malheur,
Paris : Albin Michel, 1999.

Basset, Lytta, Au-delà du pardon : le désir de tourner la page,
Montréal : Presses de la Renaissance 2006.

Beattie, Melody, Savoir lâcher prise,
Montréal : Editions Sciences et Culture, 1996.

Blackaby, Henry T. & King, Claude V. , Experiencing God : Knowing and Doing the Will of God, Nashville : Lifeway, 1990.

Bobin, Christian, Le Très-Bas,
Paris : Gallimard, 1992.

Bolles, Richard, What Color Is Your Parachute ?
Berkley, CA : Ten Speed Press, 1995.

Bourguet, Daniel, La repentance, une bonne nouvelle,
Lyon : Réveil Publications, 2002.

Buford, Bob, Game Plan,
Grand Rapids : Zondervan, 1999.

Buber, Martin, Le Chemin de l'Homme,
Montréal : Alphée, 2005.

Christenson, Evelyn, Lord, Change Me,
Colorado Springs : Chariot Victor Publishing 1993.

Class 301, Discovering My Ministry,
Lake Forest, CA : Saddleback Church (www.pastors.com), 1985.

Cloud, Henry Réussir sa vie,
Paris : 7ICI, Empreinte Temps Présent, 1992.
Cloud, Henry & Towsend, John, Oser s'affirmer,
Paris : 7ICI, Empreinte Temps Présent, 2001.
Cloud, Henry & Towsend, John, Boundaries,
Grand Rapids : Zondervan, 1992.
Collectif, Oser l'espérance,
Marne La Vallée, FR : Farel, 2001.
Collectif, Oser la Vie,
Marne La Vallée, FR : Farel, 2008.
Couchman, Judith, Designing a Woman's Life,
Sisters, OR : Multnomah, 1996.
Curtis, Brent & Eldredge, John, The Sacred Romance,
Nashville : Thomas Nelson, 1997.
Cyrulnik, Boris, Un merveilleux malheur,
Paris : Odile Jacob, 1999.
D'Ansembourg, Thomas, Cessez d'être gentil, Soyez vrai
Montréal : Les Editions de l'Homme, 2001.
D'Ansembourg, Thomas, Qui fuis-je ? Où cours-tu ? A quoi servons-nous ? Montréal : Les Editions de l'Homme, 2008.
De Caussade, Jean-Pierre, L'abandon à la Providence,
Paris : Desclée de Brouwer, 2006.
Decker, Maurice, Fidèle quoiqu'il en coûte,
Yerres : Barnabas, 1992.
Eldredge, John, Les trésors du cœur,
Marne La Vallée, FR : Farel, 2002.
Eldredge, John et Stasi, Cœur de Femme,
Marne La Vallée, FR : Farel, 2006.
Evans, Debra, Woman of Courage,
Grand Rapids : Zondervan, 2000.
Finley, Guy, Les clés pour lâcher prise,
Ivry : Inter Forum, Le Jour Editeur, 1995.
Frankl, Viktor, Découvrir un sens à sa vie avec la logothérapie,
Montréal : Les Editions de l'Homme, 1998.
Frankl, Viktor, Nos raisons de vivre : à l'école du sens de la vie
Paris : InterEditions, 2009

Graham, Ruth, In Every Pew sits a broken heart,
Grand Rapids : Zondervan, 2004.
Gray, John, Comment obtenir ce que nous désirons et apprécier ce que nous possédons, Paris : Flammarion, J'ai lu, 2000.
Hendricks, Howard, A Life of Integrity,
Sisters, OR : Multnomah, 2003.
Hendricks, Howard and William, As Iron sharpens Iron,
Chicago : Moody Press, 1995.
Houston, Brian, Une vie, une vision, un but
Paris : Première Partie, 2009.
Jones, Laurie Beth, Tous les chemins mènent à soi,
Montréal : Le Jour, 1996.
Katz, Arthur, L'authenticité : un défi, une espérance,
Burtigny, CH : Jeunesse en Mission, 1986.
Kinghorn, Kenneth, Discovering Your Spiritual Gifts,
Grand Rapids : Zondervan, 1984.
Lecomte, Jacques & Vanistendael, Stefan, Le bonheur est toujours possible, Paris : Bayard, 2000.
Lecomte, Jacques, Guérir de son enfance,
Paris : Odile Jacob, 2004.
Lecomte, Jacques, Donner un sens à sa vie,
Paris : Odile Jacob, 2007.
Lubich, Chiara, Vivre l'instant présent,
Paris : Ed. Nouvelle Cité, 2008.
Mahaney, Carolyn, L'Humilité, la vraie grandeur,
Genève : Maison de la Bible, 2009.
McDonald, Gordon, Ordering Your Private World,
Nashville : Thomas Nelson, 2003.
McGee, Robert, The search for Significance,
Nashville : W Publishing Group, 2003.
Mc Carthy, Kevin W. , La puissance d'une vision : comment donner un sens à votre vie, St Hubert, Québec : Editions Un Monde Différent, 1995.
McClung, Floyd, Découvrez votre destinée,
Burtigny, CH : Editions Jeunesse en Mission, 1988.
Miller, Arthur Jr. & Hendricks, Bill, The Power of Your Uniqueness,
Grand Rapids : Zondervan, 2002.

Miller, Kevin, Surviving Information Load,
Grand Rapids : Zondervan, 2004.
Monbourquette, Jean, A chacun sa mission,
Paris : Bayard, 2001.
Moore, Beth, Breaking Free,
Nashville : Broadman and Holman, 2000.
Munroe, Myles, Un potentiel formidable,
Montmeyran, FR : Emeth, 1998.
Pacot, Simone, L'évangélisation des profondeurs,
Paris : Cerf, 1997.
Pacot, Simone, Reviens à La vie,
Paris : Cerf, 2002.
Pacot, Simone, Ose la vie nouvelle : les chemins de nos Pâques,
Paris : Cerf, 2003.
Pacot, Simone, Ouvrir la porte à l'Esprit,
Paris : Cerf, 2007.
Paterson, Tom, Living the life you were meant to live,
Nashville : Thomas Nelson, 1998.
Peck, Scott, Le chemin le moins fréquenté,
Paris : Laffont, 1987 – J'ai Lu, 2007.
Philippe, Jacques, Recherche la paix et poursuis-la : petit traité sur la paix du cœur, Nouan-le–Fuzelier, FR : Editions des Béatitudes, 2003.
Roustang François, La fin de la plainte,
Paris : Odile Jacob, 2000.
Salomon, Paule, La brûlante lumière de l'Amour,
Paris : Albin Michel, 1997.
Savage, Jill, Professionalizing Motherhood,
Grand Rapids : Zondervan, 2002.
Seamands, David A. , Guérir des blessures émotionnelles,
Marne La Vallée, FR : Farel, 1996.
Schwarz, Christian A. , Vers une expérience nouvelle de Dieu,
Paris : 7ICI, Empreinte Temps Présent, 1999.
Schwarz, Christian A. , Découvrez vos dons,
Paris : 7ICI, Empreinte Temps Présent, 1998.
Singer, Christiane, Du bon usage des crises,
Paris : Albin Michel, 1996.

Sion, Victor, La grâce de l'instant présent,
Nouan-le–Fuzelier, FR : Editions des Béatitudes, 1996.
Soria, Sophie, Un coach nommé Jésus
Paris : InterEditions, 2005.
Stanley, Charles, Feeling Secure in a Troubled World,
Nashville : Thomas Nelson, 2000.
Strobel, Lee, The Case for Christ,
Grand Rapids : Zondervan, 1998.
Swenson, Richard A. The Overload Syndrome,
Colorado Springs : NavPress, 1998.
Tada, Eareckson, The God I love,
Grand Rapids : Zondervan, 1996.
Tournier, Paul, L'aventure de la vie
Neuchâtel : Delachaux & Niestlé, 1989.
Vanier, Jean, Aimer jusqu'au bout,
Paris : Bayard, 1996.
Vanier, Jean, Toute personne est une histoire sacrée,
Paris : Plon, 1994.
Vanier, Jean, Recherche la Paix,
Mesnil Saint Loup : Le livre Ouvert, 2003.
Varillon, François, Joie de croire, joie de vivre,
Paris : Bayard, Editions le Centurion, 1981.
Wilkinson, Bruce, Les secrets de la vigne,
Nîmes : Vida, 2003.
Wilkinson, Bruce et Kopp, David et Heather, L'auteur des rêves,
Nîmes : Vida, 2005.
Warren, Neil Clark, Make Anger Your Ally,
Colorado Springs : Focus on the Family, 1990.
Warren, Rick, Une vie, une passion, une destinée : Pourquoi suis-je sur la terre ? Longueuil, Québec : Editions Ministères Multilingues, 2003.
Webster, Dan, The Real Deal Workbook,
Holland, MI : Authentic Leadership, 1999.
Young Paul W., La cabane, Paris Guy Trédaniel éditeur,
Paris : Guy Trédaniel 2009
Zundel, Maurice, L'hymne à la joie,
Québec : Anne Sigier, 2003.